**共和国勋章**

"共和国勋章"以红色、金色为主色调，章体采用国徽、五角星、黄河、长江、山峰、牡丹等元素，章链采用中国结、如意、兰花等元素，整体使用冷压成型、花丝镶嵌、珐琅等工艺制作，象征勋章获得者为共和国建设和发展作出的巨大贡献，礼赞国家最高荣誉，祝福祖国繁荣昌盛，寓意全国各族人民团结一心共筑中华民族伟大复兴的中国梦。

**国家荣誉称号奖章**

"国家荣誉称号奖章"以红色、金色为主色调,章体采用五星、天安门、牡丹、旗帜、光芒等元素,章链采用中国结、花卉等元素,整体使用冷压成型、花丝镶嵌、珐琅等工艺制作,象征国家荣誉称号获得者在各领域各行业作出的重大贡献,彰显示范引领作用,激励全国各族人民不忘初心、牢记使命,为实现中华民族伟大复兴的中国梦而不懈奋斗。

《勋章：共和国不会忘记》编写组　编

# 勋章

## 共和国不会忘记

新华出版社

图书在版编目（CIP）数据

勋章：共和国不会忘记 /《勋章：共和国不会忘记》编写组编. 
-- 北京：新华出版社，2019.9（2025.2重印）
ISBN 978-7-5166-4879-7

Ⅰ.①勋… Ⅱ.①勋… Ⅲ.①人物–先进事迹–中国–现代
Ⅳ.①K820.7

中国版本图书馆CIP数据核字(2019)第206018号

勋章：共和国不会忘记

编　　写：《勋章：共和国不会忘记》编写组

| 责任编辑： | 沈文娟　祝玉婷 | 封面设计： | 今亮後聲 HOPESOUND 2580590616@qq.com · 赵晓冉 |
|---|---|---|---|

出版发行：新华出版社
地　　址：北京石景山区京原路8号　　邮　　编：100040
网　　址：http://www.xinhuapub.com
经　　销：新华书店、新华出版社天猫旗舰店、京东旗舰店及各大网店
购书热线：010－63077122　　　　中国新闻书店购书热线：010－63072012

照　　排：六合方圆
印　　刷：大厂回族自治县众邦印务有限公司
成品尺寸：170mm×240mm
印　　张：18.5　　　　　　　　　　字　　数：240千字
版　　次：2019年10月第一版　　　　印　　次：2025年2月第七次印刷
书　　号：ISBN 978-7-5166-4879-7
定　　价：68.00元

版权专有，侵权必究。如有质量问题，请与出版社联系调换：010-63077124

# 目录 CONTENTS

## 共和国勋章

于敏：一个曾经绝密 28 年的名字 ………………………… 3

申纪兰："勿忘人民、勿忘劳动" …………………………… 9

孙家栋：一辈子与卫星打交道的航天"大总师" ………… 15

李延年：荣誉属于所有烈士 ………………………………… 21

张富清：紧跟党走，做党的好战士 ………………………… 27

袁隆平：把对祖国的热忱结成饱满的稻穗 ………………… 34

黄旭华：隐"功"埋名三十载，终生报国不言悔 ………… 41

屠呦呦：与青蒿结缘，用中医药造福世界 ………………… 48

钟南山：敢医敢言，生命至上 ……………………………… 54

## 人民科学家

叶培建：中国人迟早会走出地球 …………………………… 63

吴文俊：为现代数学开拓新天地 …………………………… 67

南仁东：进入无垠广袤的人生 ……………………………… 73

# 目 录 CONTENTS

顾方舟：一生做一事，让中国儿童乘上远离脊灰的方舟 …………… 86
程开甲：赤胆忠诚，科技报国 …………………………………………… 92

## 【 人民教育家 】

于漪：站上讲台就是生命在歌唱 ………………………………………… 97
卫兴华：立学为民、治学报国 …………………………………………… 103
高铭暄：情系刑法的"人民教育家" ……………………………………… 107

## 【 人民艺术家 】

王蒙：始终跃动"少年布尔什维克"初心 ……………………………… 113
秦怡：中国银幕不老的"青春之歌" ……………………………………… 119
郭兰英：为人民歌唱 ……………………………………………………… 124

## 【 人民英雄 】

艾热提·马木提：牺牲在反恐一线的"人民英雄" …………………… 131
申亮亮：不能忘却的维和英雄 …………………………………………… 134
麦贤得：意志坚强、不怕牺牲的钢铁战士 ……………………………… 137

张超：逐梦海天的强军先锋……………………………………………141
张伯礼：国医济世，德术并彰……………………………………………151
张定宇：追赶时间的人……………………………………………………158
陈薇：军人的使命，人民的坚盾…………………………………………166

## 人民楷模

王文教：新中国羽毛球事业"拓荒者"……………………………………175
王有德：让沙丘绿起来，让职工富起来…………………………………179
王启民：一生为祖国"加油"的"新铁人"……………………………186
王继才：守岛，就是守国…………………………………………………193
布茹玛汗·毛勒朵：中国，一生的守护…………………………………207
朱彦夫：永远坚守百姓这块阵地…………………………………………213
李保国："赶路"在太行山上……………………………………………223
都贵玛：抚养"国家的孩子"的草原母亲………………………………234
高德荣：大山深处"老县长"……………………………………………239

## 民族团结杰出贡献者

热地：从农奴到共和国领导人……………………………………………257

# 目录 CONTENTS

### 【"一国两制"杰出贡献者】

董建华:"一国两制"的践行者和捍卫者 ………… 265

### 【外交工作杰出贡献者】

李道豫:不忘初心,不辱使命 ………… 273

### 【文物保护杰出贡献者】

樊锦诗:似水如沙久相伴 ………… 279

编后记 ………… 284

# 共和国勋章

## 于 敏

　　于敏，男，汉族，中共党员，1926年8月生，2019年1月去世，天津宁河人，中国工程物理研究院高级科学顾问、研究员，中国科学院院士。他是我国著名核物理学家，长期领导并参加核武器的理论研究和设计，填补了我国原子核理论的空白，为氢弹突破作出卓越贡献。荣获"两弹一星"功勋奖章、国家最高科学技术奖和"全国劳动模范""改革先锋"等称号。

# 于敏:一个曾经绝密 28 年的名字

他 28 载隐姓埋名,填补了中国原子核理论的空白,为氢弹突破作出卓越贡献。

他荣获"两弹一星"功勋奖章、国家最高科学技术奖等崇高荣誉,盛名之下保持一颗初心:"一个人的名字,早晚是要没有的,能把微薄的力

1980 年,于敏在工作中。(新华社发)

量融进祖国的强盛之中，便足以自慰了。"

他是于敏，"共和国勋章"获得者。

### 在氢弹原理突破中起了关键作用

"国产专家一号"——人们这样亲切地称呼于敏。

没有留过洋，却也成为世界一流的理论物理学家；在原子核理论研究的巅峰时期，他毅然服从国家需要，开始从事氢弹理论的探索研究工作。

那是20世纪60年代。一切从头开始，装备实在简陋，除了一些桌椅外，只有几把算尺和一块黑板。一台每秒万次的计算机，需要解决各方涌来的问题，仅有5%的时长可以留给氢弹设计。

科研大楼里一宿一宿灯火通明，人们为了琢磨一个问题，常常通宵达旦。于敏的报告，与彭桓武、邓稼先等人的报告相互穿插，听讲的人常常把屋子挤得水泄不通。

"百日会战"令人难忘。100多个日日夜夜，于敏先是埋头于堆积如山的计算机纸带，然后做密集的报告，率领大家发现了氢弹自持热核燃烧的关键，找到了突破氢弹的技术路径，形成了从原理、材料到构型完整的氢弹物理设计方案。

1967年6月17日，罗布泊沙漠深处，蘑菇云腾空而起，一声巨响震惊世界。新华社对外庄严宣告：中国第一颗氢弹在西部地区上空爆炸成功！

从第一颗原子弹爆炸到第一颗氢弹试验成功，美国用了7年多，苏联用了4年，中国仅用了2年8个月。

《中国军事百科全书——核武器分册》记载：于敏在氢弹原理突破中起了关键作用。

于敏的资料照片（新华社记者白连锁摄）

### 用热血书写历史丰碑

有人尊称他为"氢弹之父",于敏婉拒。他说,这是成千上万人的事业。

1926年,于敏生于天津一个小职员家庭,从小读书爱问为什么。进入北京大学理学院后,他的成绩名列榜首。导师张宗遂说:没见过物理像于敏这么好的。

新中国成立两年后,于敏在著名物理学家钱三强任所长的近代物理所开始了科研生涯。他与合作者提出了原子核相干结构模型,填补了中国原子核理论的空白。

正当于敏在原子核理论研究中可能取得重大成果时,1961年,钱三强找他谈话,交给他氢弹理论探索的任务。

于敏毫不犹豫地表示服从分配,转行。从那时起,他开始了长达28

1999年9月18日,中共中央、国务院、中央军委在北京人民大会堂隆重举行表彰为研制"两弹一星"作出突出贡献的科技专家大会,参加"两弹一星"研制的科学家代表、"两弹一星"功勋奖章获得者于敏在大会上发言。(新华社记者王新庆摄)

年隐姓埋名的生涯，连妻子都说：没想到老于是搞这么高级的秘密工作的。

20世纪80年代以来，于敏率领团队又在二代核武器研制中突破关键技术，使中国核武器技术发展迈上了一个新台阶。

他与邓稼先、胡仁宇、胡思得等科学家多次商议起草报告，分析我国相关实验的发展状况以及与国外的差距，提出争取时机，加快步伐的战略建议。

在核试验这条道路上，美国进行了1000余次，而我国只进行了45次，不及美国的二十五分之一。

原子弹、氢弹、中子弹、核武器小型化……这是于敏和他的同事们用热血书写的一座座振奋民族精神的历史丰碑！

### 如一滴水，融入大海

名字解密后，于敏收获了应得的荣誉。

20年前，在国庆50周年群众游行的观礼台上，刚刚被授予"两弹一星"功勋奖章的于敏，看着空前壮大的科技方队通过广场感慨万分："这是历史赋予我们每个科学家义不容辞的使命。"

2015年1月9日，于敏荣获2014年度国家最高科学技术奖。他坐在轮椅上，华发稀疏，谦逊与纯粹溢于言表。

我国国防科技事业改革发展的重要推动者、改革先锋……极高的荣誉纷至沓来，于敏一如既往地低调。于家客厅高悬一幅字："淡泊以明志，宁静以致远。"

一滴水，只有放进大海，才永远不会干涸。

2019年1月16日，于敏溘然长逝，享年93岁。

愿将一生献宏谋！——他兑现了对祖国的诺言，以精诚书写了中国现代史上一段荡气回肠的传奇。

# 共和国勋章

## 申纪兰

　　申纪兰，女，汉族，中共党员，1929年12月生，山西平顺人，山西省平顺县西沟村党总支副书记，第一届至第十三届全国人大代表。她积极维护新中国妇女劳动权利，倡导并推动"男女同工同酬"写入宪法。改革开放以来，她勇于改革，大胆创新，为发展农业和农村集体经济，推动老区经济建设和老区人民脱贫攻坚作出巨大贡献。荣获"全国劳动模范""全国优秀共产党员""全国脱贫攻坚'奋进奖'""改革先锋"等称号。

# 申纪兰："勿忘人民、勿忘劳动"

青青太行，劲松屹立。

山西省平顺县西沟村，自古就是要与河道抢耕地、与老天抢粮食的地方。沧海桑田。曾经撂荒的山坡上，如今或已披绿，或梯田成行。村民说，他们这里的人，比起信老天，更愿信劳动的力量。

这里有一位执拗的耄耋老者，年复一年，仍坚持着自己劳作。春天播种，下地秋收，冬天除雪，步履日渐蹒跚，但她干起活来仍充满力量。除了不时整理行装进京开会，几乎没什么能把她和普通农妇一眼区别开。

她是申纪兰，山西省平顺县西沟村党总支副书记，第一届至第十三届全国人大代表，"共和国勋章"获得者。

## 争取男女同工同酬的急先锋

申纪兰 1929 年出生于山西省平顺县山南底村。抗战时期，她就担任过村里纺花织布小组的组长。一嫁到西沟村，她就积极参加劳动。1951 年西沟村成立初级农业合作社时，她成了副社长。这对奉行"好男人走到县，好女子不出院"古训的山里人来说，已让人刮目相看。但在她心里，有一个坎始终过不去：为啥妇女的劳动报酬要少一半？

申纪兰介绍说，按照当时的分工计酬方式，如果男人干一天活计 10 个工分，那么妇女只能计 5 个。不平等的报酬又挫伤着妇女的劳动积极性，很多妇女只愿意干"家里活"，不愿出门参加社会劳动，而这又成为阻碍妇女地位提高的关键。

为了让妇女得到真正的解放,申纪兰走家串户,向妇女宣传"劳动才能获得解放"的道理,同时努力做男社员的思想工作,积极争取男女同工同酬。

开始,男社员很多不同意。申纪兰认为,只有干出成果,才能让妇女不再受歧视。

村里本来是男女共同协作劳动的。经申纪兰申请,社里专门给女社员划出一块地,和男社员进行劳动竞赛。男社员认为稳操胜券,该休息就休息;被发动起来的妇女为了争取自己的权益,始终在田间争分夺秒。最后,女社员赢得了竞赛。

这场劳动竞赛在西沟村产生了意想不到的效果,许多男社员都开始支

2009年3月5日,全国人大代表申纪兰在审议政府工作报告时发言。(新华社记者邹伟摄)

持男女同工同酬。

不久，全国妇联、山西省妇联的同志也来到西沟村。一是考察，二是帮着申纪兰出谋划策。在妇联的支持下，申纪兰带领西沟村妇女提高劳动技能，还设立了农忙托儿所，使妇女能专注劳动。

到1952年，西沟村已经实现了"男女干一样的活，应记一样的工分"。

1954年9月，在中华人民共和国第一届全国人民代表大会上，申纪兰提出的"男女同工同酬"倡议被写入了中华人民共和国第一部宪法。

## 一切为了人民

1983年，西沟村全面推行家庭联产承包责任制，但其中也出现了许多新问题。1984年，申纪兰从村民的根本利益出发，大胆进行改革。

她主张：成林和有林山坡地仍归集体管理；耕地仍然包产到户、自主

2019年1月22日，在山西省平顺县西沟村，申纪兰（左）和村民交流。（新华社记者詹彦摄）

经营，但实行三年一小调、五年一大调、添人增地、减人减地，确保土地不撂荒。最终，改革宜统则统、宜分则分，统分适度，实现优势互补。

1985年，结合申纪兰外出考察的经验，利用当地的硅矿资源优势，西沟村建立起第一个村办企业铁合金厂，当年实现利润150万元。此后，西沟村又建立起磁钢厂、石料厂、饮料厂，村办企业成了西沟村的经济支柱。

但为了响应党中央保护环境的号召，不把污染留给子孙后代，2012年，申纪兰和西沟村民决定，拆除了不符合国家产业政策和环保要求的铁合金厂，重新寻找发展定位。几年间，西沟村的红色旅游基础设施一一兴建，新产业基地拔地而起，引进的知名服饰公司开工生产。

作为唯一连任十三届的全国人大代表，申纪兰通过建议和议案将老区脱贫振兴带入了快车道。中西部开发、引黄入晋工程、太旧高速公路、山西老工业基地改造等促进了经济发展；平顺县提水工程、平顺县二级公路建设、平顺县集中供热、集中供气工程等改善了当地群众的生活。

"当人大代表，就要代表人民，代表人民说话，代表人民办事。"申纪兰是这样说的，也是这样做的。

### 本色不改　初心不渝

她的"学历"是扫盲班毕业，她一辈子坚持自己只是个农民。1973年至1983年担任山西省妇联主任期间，她坚决不领厅级领导干部的工资，不转干部身份。女儿去省城太原看她，辛苦坐了一路卡车，她也只在单位院外匆匆见了一面，就让孩子回去了。

她曾荣获"全国劳动模范""全国优秀共产党员""全国脱贫攻坚'奋进奖'""改革先锋"等称号。但她只把荣誉看作一种鞭策。她"勿忘人民、勿忘劳动"的话语，成了自己对人生的一种诠释。

每有团体到西沟村参观学习，她总会在西沟村的会堂给大家介绍，半个多世纪里,在党的带领下,农村发生的翻天覆地变化。申纪兰说:"我的话,就是一个农民对党的恩情由衷的感激。"

永远跟党走是申纪兰不变的初心。"共产党就是要全心全意为人民服务,要立党为公,两袖清风,一身正气。"申纪兰说,"按照党的要求干,就没有什么干不成的事情。"

申纪兰带领群众脱贫致富,1986年9月与县供销社联合办起一座罐头厂,投产后的第一个月就生产红果、梨罐头5万多瓶。图为申纪兰(左)和工人一起检查罐头质量。(新华社资料照片)

# 共和国勋章

## 孙家栋

孙家栋，男，汉族，中共党员，1929年4月生，辽宁复县人，原航空航天工业部副部长、科技委主任，中国航天科技集团有限公司原高级技术顾问，中国科学院院士，第七、八、九、十二届全国政协委员。他是我国人造卫星技术和深空探测技术的开创者之一，担任月球探测一期工程总设计师，为我国突破卫星基本技术、卫星返回技术、地球静止轨道卫星发射和定点技术、导航卫星组网技术和深空探测基本技术作出卓越贡献。荣获"两弹一星"功勋奖章、国家最高科学技术奖、国家科学技术进步奖特等奖和"全国优秀共产党员""改革先锋"等称号。

# 孙家栋：一辈子与卫星打交道的航天"大总师"

他被称为中国航天的"大总师"，从"东方红一号"到"嫦娥一号"，从"风云气象卫星"到"北斗导航卫星"，背后都有他主持负责的身影；翻开他的人生履历，就如同阅读一部新中国航天事业的发展史……

获得过"两弹一星"功勋奖章、国家最高科学技术奖和"全国优秀共产党员""改革先锋"等称号的他，在新中国成立70周年之际，又荣获"共和国勋章"。他，就是我国人造卫星技术和深空探测技术的开创者之一、中国航天科技集团有限公司原高级技术顾问孙家栋院士。

**中国航天"大总师"**

孙家栋，这个名字与中国航天事业的发展紧紧相依。

航天是一项非常复杂的系统工程，每项工程由卫星、火箭、发射场、测控通信、应用等数个系统构成，每个系统都有自己的总设计师或总指挥，孙家栋则被大家尊称为"大总师"。

回顾几十年的工作，孙家栋认为自己"仅仅是航天人中很平常的一个"。他经常说，是中国航天精神铸造了中国第一星，是中国航天事业发展成就了自己。

一次发射中，卫星在转运途中不慎发生了轻微碰撞，试验队员们一下子慌了神，谁也不敢保证这会不会对发射造成影响。

接到紧急报告后，孙家栋当天就从北京赶到了西昌，一下飞机就直奔卫星试验厂房。了解清楚现场情况后，当时已经快80岁的他马上钻到了卫星底下，对着卫星的受创部位仔细研究起来。

"卫星没事儿，能用！"孙家栋的一句话，让大家悬在半空的心踏实了下来。

"搞航天工程，没有好坏，只有成败。要保成功，就必须发扬严格、谨慎、细致、务实的作风。"孙家栋总是这样告诫年轻人。

### 90岁的"牧星人"

4月是中国航天的重要月份。既有中国航天日，又是孙家栋的生日。

图为年轻时的孙家栋在工作中。（新华社记者杨武敏摄）

如今已经90岁的孙家栋，与卫星打了一辈子交道。

曾经有人问孙家栋："航天精神里哪一条最重要？"

"热爱。"他不假思索，"如果你不热爱，就谈不上奋斗、奉献、严谨、协作、负责、创新……"

几十年来，正是凭着这个信念，尽管从事着充满风险的航天事业，但孙家栋从来没有被困难吓倒，反而愈挫愈勇。

20世纪70年代，孙家栋带领团队研制我国第一颗返回式遥感卫星，发射时出现了意外。震惊过后，孙家栋带着大伙儿在天寒地冻中把大片的沙漠翻了一尺多深，拿筛子把炸碎的火箭卫星残骸筛出来，最终找到了失败的原因。一年后，一颗新的卫星腾空而起。

1984年，中国第一颗试验通信卫星发射后，在向定点位置漂移过程中

孙家栋在工作中（新华社资料照片）

发生了意外。孙家栋果断地发出了打破常规的指令——他要求再调5度，最终正确的指令使卫星化险为夷。

2009年，在孙家栋80岁生日时，钱学森专门致信祝贺。钱老在信中说："自第一颗人造地球卫星首战告捷起，到绕月探测工程的圆满成功，您几十年来为中国航天的发展作出了突出贡献。共和国不会忘记，人民不会忘记。"

### 擅长攻关复杂难题："国家需要，我就去做"

2019年1月，嫦娥四号探测器成功实现人类首次月球背面软着陆，开启了全新的月球背面探索之旅，举国沸腾、世界瞩目。

时针拨回15年前，当国家启动嫦娥一号探月工程时，已经75岁的孙家栋毅然接下了首任探月工程总设计师的重担。

大多数人在这样的高龄都功成身退，他却冒着风险出任探月工程总设计师。对于别人的不理解，孙家栋只有一句话："国家需要，我就去做。"

在嫦娥一号顺利完成环绕月球的那一刻，航天飞行指挥控制中心里，大家全部从座位上站起来，欢呼雀跃、拥抱握手。而孙家栋却走到了一个僻静的角落，悄悄地背过身子，掏出手绢在偷偷擦眼泪。

"孙家栋无疑是一位战略科学家，总能确定合理的战略目标。"嫦娥一号卫星总设计师、中国航天科技集团五院深空探测和空间科学首席科学家叶培建院士说，在困难面前，他绝不低头；在责任面前，他又"俯首甘为孺子牛"。

孙家栋的一大长处，就是善于协调各种复杂的技术问题，找到最经济、最合理的解决办法。

"几十年的实践证明，核心技术是买不来的，航天尖端产品也是买不来的。我们必须依靠自己的力量发展航天技术。"孙家栋说。

2010年12月15日,孙家栋在西昌卫星发射中心。(新华社记者李明放摄)

近年来,孙家栋特别强调要坚持自主创新:"在一穷二白的时候,我们没有专家可以依靠,没有技术可以借鉴,我们只能自力更生、自主创新。今天搞航天的年轻人更要有自主创新的理念,要掌握核心技术的话语权。"

"中国的发展依然任重道远,我们一定要跟着党中央,和大家一起共同努力,尽个人微薄之力,把我们国家的事业搞好,真正实现中国梦,富起来、强起来,完成好我们这一代人的历史使命。"孙家栋说。

# 共和国勋章

## 李延年

　　李延年，男，汉族，中共党员，1928年11月生，河北昌黎人，原54251部队副政治委员。1945年参加革命，先后参加解放战争、湘西剿匪、抗美援朝战争、对越自卫反击战等战役战斗20多次，是为建立新中国、保卫新中国作出重大贡献的战斗英雄。离休后，他初心不改、斗志不减、本色不变，积极弘扬革命优良传统，充分展现了一名老革命军人、老战斗英雄的光辉形象。荣立特等功一次，被志愿军总部授予"一级英雄"称号，荣获解放奖章和胜利功勋荣誉章。

# 李延年：荣誉属于所有烈士

解放战争中，他在冰天雪地的东北和国民党军拼过刺刀，在山势险峻的湘西和土匪"掰过手腕"。

抗美援朝战场上，他带领官兵夺回失守的346.6高地，顶住了敌人多次反扑，被志愿军总部授予"一级英雄"称号，荣立了特等功。

凯旋之后，他继续投身国防事业，20世纪70年代来到祖国南疆，从此扎根祖国边陲。

李延年，共和国勋章获得者，一位一生默默奉献，践行初心和使命的

2019年9月19日，李延年在广西南宁家里看书。（新华社记者张浩摄）

军队老党员。

金秋九月，绿城南宁，市区里一座两层小楼里，李延年正在为家中的仙人掌、三角梅浇水。他觉得一棵棵在恶劣环境中顽强生长的植物，像极了他们这些从革命战争年代走过来的人，有种压不垮的气势。

1945年10月，李延年参军前往东北。那时的中国，内战的乌云笼罩在中华大地。参军后不久，李延年就参与到解放东北的战斗中。

初到东北，李延年和战友们连一件像样的冬衣都没有。部队纪律非常严明，他们从不入户打扰群众，群众也非常拥护部队。

部队缺粮，群众主动把粮食送了过来。部队把群众送来的物资一一造册登记，打上欠条，并郑重承诺：新中国成立后新政府一定如数奉还。

根植于人民的军队是不可战胜的。辽沈战役打响后，李延年所在纵队参加黑山阻击战，堵住廖耀湘兵团。

在阻击战最关键的时候，李延年和战友们连夜急行军100多里，双腿跑赢了敌人的汽车，赶在天亮之前到达预定地点修筑工事。在修筑工事期间，敌人以数倍兵力扑了上来，发起一轮轮强力冲击，一批批战友倒在了前沿阵地。他清晰地记得，在那场空前惨烈的战斗中，一个战友牺牲了，另一个就主动补上去，许多战友献出了宝贵的生命……

那次战斗，李延年和战友们坚守了3天，为友邻部队对敌人实施包围，争取了宝贵的时间。

辽沈战役结束后，李延年参加了平津战役，每战争先的他，连连立功受奖。1950年8月，在湘西剿匪的李延年，被提拔为连队指导员。

抗美援朝战争爆发后，李延年随志愿军入朝作战。这段岁月也是他一生中最难忘的。

1951年10月，李延年担任志愿军某营7连指导员。他所在营奉命对失守的346.6高地实施反击。

"前两个营在敌人炮火猛烈攻袭下伤亡惨重，我们营接到命令执行强攻任务。"李延年回忆，自己所在营攻击时，发现敌人每隔3分钟左右就会打一轮炮，掌握这个规律后，李延年和战友利用这个间隙慢慢摸了上去。经过激烈的战斗，他们终于把高地夺了回来。

这时，连队的机关枪已打得无法连发，步话机也被打烂，后方指挥所无法知晓他们的情况。当时，李延年所在连只剩下40多个人，其他连队情况更差。全营弹药严重不足，部队就到敌前沿去收集敌人遗弃的武器和弹药。

2019年7月14日，李延年在广西南宁家里和重孙在一起。（新华社李忠南摄）

两夜一天的战斗，敌人一轮又一轮地压向我军阵地。打完弹药的官兵，靠捡拾敌人留下来的武器，打退了一拨又一拨的敌军。一名战士在子弹打光后，拿着爆破筒，与冲上阵地的20多个敌人同归于尽。看到战友一个接着一个牺牲，李延年带领官兵坚守阵地，直到得到上级命令才撤出阵地。

1952年11月,李延年被志愿军总部授予"一级英雄"称号、记特等功1次,并获朝鲜民主主义人民共和国自由独立二级勋章。

后来,李延年又参加了多次战斗。几十年过去了,这段悲壮的历史成为李延年永不磨灭的回忆。多少曾经日夜相处的战友,生命永远定格在了20余岁的青春年华。

离休之后的李延年生活低调,南宁市许多中小学邀请他为学生做红色教育讲座,他也从不提及自己的功劳。

"所有荣誉不是给我个人的,都是国家对所有烈士的褒奖,我们要永远铭记这些为新中国牺牲的英雄们。"为了做好革命精神的传承和教育,李延年把个人获得的各类证章大部分捐献给了博物馆、军史馆,并经常为青少年讲述战斗故事、传承战斗精神,积极宣传爱国主义思想,在青少年中弘扬优良革命传统。

在李延年家中,有一幅南宁市红星小学学生送给他的手工画,内容是

2019年7月14日,李延年在广西南宁家里看报纸。(新华社李忠南摄)

操场上的两名小学生，向鲜红的国旗敬礼。每当有客人来家里的时候，李延年都会把这幅画拿出来给大家看。

"学生对于历史的认识很多时候停留在书本上，作为战争亲历者讲述历史，更具说服力和感染力。"广西军区南宁第三离职干部休养所政委肖兮说，只要有学校邀请李延年做讲座，他都会欣然前往。

为了讲好历史，李延年多年来坚持读书看报听广播，刻苦学习党的理论。他卧室的书桌上，摆满了各类政治学习书籍，书和笔记本上密密麻麻地记满了理论要点和心得体会。

近年来，李延年被广西军区先后评为"先进离休干部""优秀共产党员""践行当代革命军人核心价值观先进个人"，始终保持老党员、老军人、老英雄的革命本色，用实际行动践行共产党员的初心和使命。

2019年中秋节前夕，广西军区军史馆烈士墙前，李延年驻足凝视。轻抚着牺牲战友的名字，他缓缓举起右手，敬了一个标准的军礼。

# 共和国勋章

## 张富清

　　张富清，男，汉族，中共党员，1924年12月生，陕西洋县人，中国建设银行湖北省来凤支行原副行长。他在解放战争的枪林弹雨中冲锋在前、浴血疆场、视死如归，多次荣立战功。1955年，他转业后主动要求到湖北最偏远的来凤县工作，为贫困山区奉献一生。60多年来，他深藏功名，埋头工作，连儿女对他的赫赫战功都不知情。荣立特等功一次、一等功三次、二等功一次、"战斗英雄"称号两次。

# 张富清：紧跟党走，做党的好战士

1948年2月，他在陕西宜川县瓦子街参加革命，开启了自己的英雄之旅。

壶梯山战斗、永丰城战斗中，他任突击组长，先后炸掉敌人三个碉堡，立下赫赫战功。

1955年1月，他退役转业，告别军营，扎根湖北来凤县，锁住荣誉，尘封战功，为当地发展和群众过上好日子不懈奋斗。

1985年1月，他站完最后一班岗，离休。人离休了，思想却不离休，他坚持学习，三十多年如一日。

无论何时、何地、何境，他都把组织的要求摆在第一位。作为一名有着70多年党龄的老党员，他精神上追求卓越，物质上毫无所求。他，就是"共和国勋章"获得者张富清。

**从革命战场到人生战场不改本色**

1924年12月，张富清出生于陕西汉中洋县马畅镇双庙村一个贫农家庭。兵荒马乱的年月，他在家种过地，给地主当过长工，没有上过一天学。1945年下半年，家中唯一的壮劳力二哥被国民党抓壮丁，为了一家人维持生计，他用自己将二哥换了出来。

宜川战役中，国民党军整编第90师在瓦子街落入我军伏击圈被歼，作为该师杂役的张富清，选择参加革命，成为王震所领导的英雄部队——

2019年3月31日,张富清穿上老式军装敬军礼。(新华社记者程敏摄)

359旅718团的一名"人民子弟兵"。

1948年7月，壶梯山战斗打响。这是1948年9月我军转入战略决战前，西北野战军为牵制胡宗南部队而发起的澄合战役中的一场激烈的战斗。在这场战斗中，张富清荣立师一等功，被授予师"战斗英雄"称号。

1948年11月，永丰城战斗打响。此时，我军已转入战略决战，西北野战军配合中原野战军、华东野战军作战。在永丰城战斗中，张富清带着2个炸药包、1支步枪、1支冲锋枪和16个手榴弹，攀上寨墙，炸掉了敌人两个碉堡，在身受重伤的情况下，独自坚守阵地到天明，数次打退敌人反扑。他因此荣立军一等功，被授予军甲等"战斗英雄"称号，并被西北野战军加授特等功。

一次特等功、三次一等功、一次二等功，两次"战斗英雄"称号，这就是张富清在战场上向党和人民交出的答卷。

1953年3月至1954年12月，张富清进入中国人民解放军防空部队文化速成中学学习。1955年1月退役转业时，张富清坚决服从组织安排赴湖北最偏远的来凤县工作。他带着爱人孙玉兰扎根来凤县，一口皮箱，锁住了他在战场上获得的全部荣誉。

## 每一个岗位都担当作为竭尽所能

到来凤县后，张富清先后任城关粮油所主任，三胡区副区长、区长，建行来凤支行副行长等职务。每一个岗位，他都脚踏实地，竭尽所能，担当奉献。

为了带头示范，他让爱人孙玉兰从自己分管的三胡区供销社下岗，让大儿子张建国到卯洞公社万亩林场当知青。

面对工作中的困难，他不躲不绕，想方设法，克服解决。刚开始进驻生产大队时，群众不买账、不认可。为了让群众接受自己，他住进最穷的

· 勋章 · 共和国不会忘记

2019年7月27日,张富清参观天安门广场。(新华社记者熊琦摄)

社员家,白天与社员一起干重体力活儿,晚上开完会后,帮社员挑水扫地。

他想群众之所想,急群众之所急。进驻卯洞公社高洞管理区,群众反映出行难、吃水难后,他带着社员四处寻找水源,50多岁的年纪腰系长绳,下到天坑底部找水。他带着社员修路,与社员一起在绝壁上抡大锤打炮眼。

任三胡区副区长、区长期间,他推动水电站建设,让土苗山村进入"电力时代"。

1961年至1964年期间,张富清主导修建了三胡区老狮子桥水电站,供附近的两个生产队照明。这是三胡区历史上第一座水电站。"从一个区来讲,能够照上电灯是祖祖辈辈多少年来都没有的事,电灯更明亮,比照桐油灯好多少倍呀!"讲起这件事,张富清高兴地说。

　　从群众中来,到群众中去。心中无我,付此一生。这就是战斗英雄张富清,在工作岗位上向党和人民交出的答卷。

### 深藏功名60余载连家人都不知情

　　1985年1月,张富清站完最后一班岗,从建行来凤支行副行长岗位上离休。

　　离休后,张富清保持艰苦朴素的作风,住老房子、穿老衣服、用老家具、过老生活。

　　虽然离休了,但他未有一丝懈怠,时时处处严格要求自己。卧室的书

2019年3月31日,张富清在家里看书学习。(新华社记者程敏摄)

桌上，摆着成堆的学习资料。书桌右侧的抽屉里，放着他的药——享受公费医疗政策的他，为了防止家人"违规"用自己的药，不惜锁住了抽屉。

2012年，张富清因病左腿截肢。为了不影响子女"为党和人民工作"，88岁的他装上假肢顽强站了起来。

60多年里，张富清将赫赫战功深埋心底，从不提起，他的老伴儿和儿女都不知情。2018年底，国家开展退役军人信息登记，张富清隐藏半个多世纪的战功才得以发现。

讲起登记的初衷，张富清说："我起初不想把这些奖章和证书拿出来，但考虑到如果不拿出来，那就是对党不忠诚，是欺骗党的行为……"

战斗英雄的事迹披露后，诸多光环加身，他依然是老样子，一切都没有变，还是那个坚守初心、保持本色的张富清。

"我要在有生之年，坚决听党的话，党指到哪里，我就做到哪里，党叫我做啥，我就做啥。"张富清说。

# 共和国勋章

## 袁隆平

　　袁隆平，男，汉族，无党派人士，1930年9月生，江西德安人，国家杂交水稻工程技术研究中心、湖南杂交水稻研究中心原主任，湖南省政协原副主席，中国工程院院士，第五届全国人大代表，第六、七、八、九、十、十一、十二届全国政协委员。他一生致力于杂交水稻技术的研究、应用与推广，发明"三系法"籼型杂交水稻，成功研究出"两系法"杂交水稻，创建了超级杂交稻技术体系，为我国粮食安全、农业科学发展和世界粮食供给作出杰出贡献。荣获国家最高科学技术奖、国家科学技术进步奖特等奖和"改革先锋"等称号。

# 袁隆平：把对祖国的热忱结成饱满的稻穗

确保中国人的饭碗要牢牢端在自己手中，这是"杂交水稻之父"袁隆平认为自己应该为国家担负的责任。他对杂交水稻和它背后维系的国家粮食安全怀有的赤诚初心，始终未变。

获得过首届国家最高科学技术奖、"改革先锋"和未来科学大奖等荣誉的袁隆平，在新中国成立70周年之际，又获得"共和国勋章"。从第一期超级稻到第四期，以及每公顷16吨、17吨和18吨攻关目标的实现，中国杂交水稻的科研工作水平始终领先于世界。袁隆平一直认为，自己热爱的中国，既是他永攀新高的动力，也是所有梦想的终极目标。

## 选择农业报国

"要想不受别人欺负，国家必须强大起来。"袁隆平从小就意识到了这一点，因此他始终将个人前途与国家利益紧紧相连。他有过体育救国的梦想，也曾打算参军报国，最终，他将自己对祖国的热忱，结成了一串串饱满的稻穗。

"我们国家人口多、耕地少，保障国家粮食安全，唯一的办法就是提高单产。因此高产对于我来说，是一个永恒的主题。"袁隆平说，新中国成立前，自己亲眼见到倒伏在路边的饿殍，这让他感到痛心。于是在1949年，他报考了西南农学院。

1956年，为了响应国家"科学发展规划"，之前还在学校代教俄语的

2013年8月19日,袁隆平在广西桂林市灌阳县黄关镇联德村袁隆平超级稻第四期攻关示范片查看水稻生长情况。(新华社记者陆波岸摄)

·勋章· 共和国不会忘记

袁隆平，带着学生们开始了农学实验。几年时间，完全靠自己摸索经验的袁隆平发现水稻中有一些杂交组合有优势，并认定这是提高水稻产量的重要途径。培育杂交水稻的念头，第一次浮现在他的脑海。为此，他两次自掏腰包，前往北京拜访育种学家鲍文奎。

1966 年，袁隆平发表了论文《水稻的雄性不孕性》，这篇论文，拉开了中国杂交水稻研究的序幕。1970 年，在海南发现的一株花粉败育野生稻，让杂交水稻研究打开了突破口。袁隆平给这株宝贝取名为"野败"。1973 年，

2013 年 10 月 17 日，袁隆平出席在湖南永州举行的"种三产四"丰产工程现场会。（新华社记者白禹摄）

在第二次全国杂交水稻科研协作会上,袁隆平正式宣布籼型杂交水稻三系配套成功,水稻杂交优势利用研究取得了重大突破。

　　回忆起那段攻坚克难的日子,袁隆平记忆里最深刻的细节之一,是背着足够吃好几个月的腊肉,倒转好几天的火车,前往云南、海南和广东等地辗转研究,只为寻找合适的日照条件。袁隆平说,这样的经历"就像候鸟追着太阳"。

2019年9月16日,袁隆平(前右一)在长沙出席湖南农业大学2019级本科新生开学典礼。(新华社陈思汗摄)

## 为国家筑牢粮仓

1981年,国务院将"国家技术发明特等奖"授予以袁隆平为代表的全国籼型杂交水稻科研协作组。"欧美、日本等都在开展相关研究,但只有我们应用到了大面积生产中。"袁隆平记得当时在接受奖项时说的话,"杂交水稻还有很大潜力,我会不断攀登新的高峰"。

1986年,袁隆平正式提出杂交水稻育种战略:由三系法向两系法,再到一系法,即在程序上朝着由繁到简但效率更高的方向发展。经过多年努力,两系法获得成功,它保证了我国在杂交水稻研究领域的世界领先地位。

1984年,湖南省杂交水稻研究中心成立,大批优秀人才从基层单位进入中心,袁隆平还积极争取经费把他们送到国外深造。

"国家下拨的第一笔经费就高达500万元。"袁隆平回忆,中心因此迅速建起了温室和气候室,配置了200多台仪器。那个曾经简陋的海南南繁基地,被标注在了三亚地图上,从一个偏远小农场,变成具有国际重要影响的科研基地。

1996年,农业部正式立项了超级稻育种计划。4年后,第一期每亩700公斤目标于2000年实现。随后便是2004年800公斤、2011年900公斤、2014年1000公斤的"三连跳"。

## 让老百姓吃得更好

"从党的十九大开始,是我们国家全面建成小康社会的决胜期,从我的角度来说,小康社会就是要从'吃饱'向'吃好'转变。"袁隆平说,国家强盛了,老百姓生活提高了,自己的研究当然不会止步不前。

袁隆平领衔、已实施10多年的超级杂交稻"种三产四"丰产工程开始从过去强调产量,向兼顾绿色优质的目标转变。2018年,"种三产四"丰产工程最显著的变化是：在 30 多个参与品种中，优质稻占比超过 30%，其中不少品种的米质已经达到国家二级标准，这些品种同时还具备广适性、高抗性和低成本等特点。

2017 年 9 月，袁隆平院士领衔、湖南省农科院研发的"低镉水稻技术体系"可以让饱受重金属污染之困的地区，水稻平均含镉量下降了 90% 以上。"这是一个巨大突破，而且这项技术运用起来简单易行，成本不高。"袁隆平说。2018 年，经过持续一年的多点生态试验，大面积培育"低镉稻"已有了技术条件，这为我国从根本上解决"镉大米"问题提供了现实可能。

袁隆平一生致力于杂交水稻技术的研究、应用与推广，长期奋战在农业第一线。他曾种下两个梦。一个是"禾下乘凉梦"，梦想试验田的水稻像高粱那么高，穗子像扫把那么长，颗粒像花生那么大；另一个是杂交水稻覆盖全球，保障国家和世界的粮食安全。他以祖国和人民需要为己任，以奉献祖国和人民为目标，一辈子躬耕田野，脚踏实地把科技论文写在祖国大地。

# 共和国勋章

## 黄旭华

　　黄旭华，男，汉族，中共党员，1926年3月生，广东揭阳人，中国船舶重工集团719所名誉所长、原所长，中国工程院院士。他隐姓埋名几十年，为我国核潜艇事业奉献了毕生精力，为核潜艇研制和跨越式发展作出卓越贡献。在某次深潜试验中，他置个人安危于不顾，作为总设计师亲自随产品深潜到极限。荣获国家科学技术进步奖特等奖和"全国先进工作者"等称号。

# 黄旭华：隐"功"埋名三十载，终生报国不言悔

花白的头发、和蔼的笑容、温和的言语……93岁的中国工程院院士黄旭华外表看起来朴实无华。

作为第一代攻击型核潜艇和战略导弹核潜艇总设计师，黄旭华仿佛将"惊涛骇浪"的功勋"深潜"在了人生的大海之中。

图为2019年9月22日拍摄的黄旭华院士。（新华社发）

2017年12月15日,黄旭华院士在办公室查阅资料。(新华社记者熊琦摄)

### "深潜"报国三十年

"从一开始参与研制核潜艇,我就知道这将是一辈子的事业。"黄旭华说。

1926年,黄旭华出生在广东汕尾。上小学时,正值抗战时期,家乡饱受日本飞机的轰炸。海边少年就此立下报国之愿。

高中毕业后,黄旭华同时收到中央大学航空系和上海交通大学造船系录取通知。在海边长大的黄旭华选择了造船。

新中国成立初期，掌握核垄断地位的超级大国不断施加核威慑。

20世纪50年代后期，中央决定组织力量自主研制核潜艇。黄旭华有幸成为这一研制团队人员之一。

执行任务前，黄旭华于1957年元旦回到阔别许久的老家。63岁的母亲再三嘱咐道："工作稳定了，要常回家看看。"

但是，此后30年时间，他的家人都不知道他在做什么，父亲直到去世也未能再见他一面。

1986年底，两鬓斑白的黄旭华再次回到广东老家，见到93岁的老母。他眼含泪花说："人们常说忠孝不能双全，我说对国家的忠，就是对父母最大的孝。"

直到1987年，母亲收到他寄来的一本《文汇月刊》，看到报告文学《赫赫而无名的人生》里有"他的爱人李世英"等字眼，黄旭华的9个兄弟姊妹及家人才了解他的工作性质。

与对家人隐姓埋名相比，黄旭华的爱人李世英承担了更大压力。忙时，黄旭华一年中有10个月不在家。结婚8年后结束两地分居，李世英才知道丈夫是做什么的。

"他生活简单随性，出去理发都嫌麻烦。后来，我买了理发工具学会理发，给他剪了几十年。"李世英说。

### 攻坚克难铸重器

核潜艇，是集海底核电站、海底导弹发射场和海底城市于一体的尖端工程。

"当时，我们只搞过几年苏式仿制潜艇，核潜艇和潜艇有着根本区别，核潜艇什么模样，大家都没见过，对内部结构更是一无所知。"黄旭华回忆说。

2016年12月20日,黄旭华院士手捧潜艇模型的肖像照片。(新华社记者熊琦摄)

在开始探索核潜艇艇体线型方案时,黄旭华碰到的第一个难题就是艇型。最终他选择了最先进、也是难度最大的水滴线型艇体。

美国为建造同类型核潜艇,先是建了一艘常规动力水滴型潜艇,后把核动力装到水滴型潜艇上。

黄旭华通过大量的水池拖曳和风洞试验,取得了丰富的试验数据,为论证艇体方案的可行性奠定了坚实基础。"计算数据，当时还没有手摇计算机，我们初期只能依靠算盘。每一组数字由两组人计算，答案相同才能通过。常常为了一个数据会日夜不停地计算。"黄旭华回忆说。

核潜艇技术复杂，配套系统和设备成千上万。为了在艇内合理布置数以万计的设备、仪表、附件，黄旭华不断调整、修改、完善，让艇内100多公里长的电缆、管道各就其位，为缩短建造工期打下坚实基础。

用最"土"的办法来解决最尖端的技术问题，是黄旭华和他的团队克难攻坚的法宝。

除了用算盘计算数据，他们还采取用秤称重的方法：要求所有上艇设备都要过秤，安装中的边角余料也要一一过秤。几年的建造过程，天天如此，使核潜艇下水后的数值和设计值几乎吻合……

正是这种精神，激励黄旭华团队一步到位，将核动力和水滴艇体相结合，研制出我国水滴型核动力潜艇。

### 终生奉献不言悔

核潜艇战斗力的关键在于极限深潜。然而，极限深潜试验的风险性非常高。美国曾有一艘核潜艇在深潜试验中沉没，这场灾难悲剧被写进了人类历史。

在核潜艇极限深潜试验中，黄旭华亲自上艇参与试验，成为当时世界上核潜艇总设计师亲自下水做深潜试验的第一人。

"所有的设备材料没有一个是进口的，都是我们自己造的。开展极限深潜试验，并没有绝对的安全保证。我总担心还有哪些疏忽的地方。为了稳定大家情绪，我决定和大家一起深潜。"黄旭华说。

核潜艇载着黄旭华和100多名参试人员，一米一米地下潜。

"在极限深度，一块扑克牌大小的钢板承受的压力是一吨多，100多米的艇体，任何一块钢板不合格、一条焊缝有问题、一个阀门封闭不足，都可能导致艇毁人亡。"巨大的海水压力压迫艇体发出"咔嗒"的声音，惊心动魄。

黄旭华镇定自若，了解数据后，指挥继续下潜，直至突破此前纪录。在此深度，核潜艇的耐压性和系统安全可靠，全艇设备运转正常。

新纪录诞生，全艇沸腾了！黄旭华抑制不住内心的欣喜和激动，即兴赋诗一首："花甲痴翁，志探龙宫。惊涛骇浪，乐在其中！"

正是凭着这样的奉献精神，黄旭华和团队于1970年研制出我国第一艘核潜艇，各项性能均超过美国1954年的第一艘核潜艇。建造周期之短，在世界核潜艇发展史上是罕见的。

1970年12月26日，当凝结了成千上万研制人员心血的庞然大物顺利下水，黄旭华禁不住热泪长流。核潜艇一万年也要搞出来的伟大誓言，新中国用了不到一代人的时间就实现了……

几十年来，黄旭华言传身教，培养和选拔出了一批又一批技术人才。他常用"三面镜子"来勉励年轻人：一是放大镜——跟踪追寻有效线索；二是显微镜——看清内容和实质性；三是照妖镜——去伪存真，为我所用。

作为中船重工第719研究所名誉所长，直到今天，93岁的黄旭华仍然会准时出现在办公室，为年轻一代答疑解惑、助威鼓劲……

# 【 共和国勋章 】

## 屠呦呦

屠呦呦,女,汉族,中共党员,1930年12月生,浙江宁波人,中国中医科学院中药研究所青蒿素研究中心主任。她60多年致力于中医药研究实践,带领团队攻坚克难,研究发现了青蒿素,解决了抗疟治疗失效难题,为中医药科技创新和人类健康事业作出巨大贡献。荣获国家最高科学技术奖、诺贝尔生理学或医学奖和"全国优秀共产党员""全国先进工作者""改革先锋"等称号。

# 屠呦呦：与青蒿结缘，用中医药造福世界

疟疾，世界上最主要的高死亡率传染病。青蒿素的发现，为世界带来了一种全新的抗疟药。以青蒿素为基础的联合疗法已经成为疟疾的标准治疗方法，在过去的 20 多年间，青蒿素联合疗法在全球疟疾流行地区广泛使用。据世卫组织不完全统计，青蒿素在全世界已挽救了数百万人的生命，每年治疗患者数亿人。

"中医药人撸起袖子加油干，一定能把中医药这一祖先留给我们的宝贵财富继承好、发展好、利用好。"中国中医科学院终身研究员、国家最

屠呦呦在工作中（翻拍资料照片，新华社发）

高科学技术奖获得者、诺贝尔生理学或医学奖获得者屠呦呦的声音铿锵有力。60多年来，她从未停止中医药研究实践。

### 从0到1的突破："青蒿素是中医药献给世界的礼物"

2015年10月5日，瑞典卡罗琳医学院宣布将诺贝尔生理学或医学奖授予屠呦呦以及另外两名科学家，以表彰他们在寄生虫疾病治疗研究方面取得的成就。

这是中国医学界迄今为止获得的最高奖项，也是中医药成果获得的最高奖项。屠呦呦说："青蒿素是人类征服疟疾进程中的一小步，是中国传统医药献给世界的一份礼物。"

20世纪60年代，在氯喹抗疟失效、人类饱受疟疾之害的情况下，在中医研究院中药研究所任研究实习员的屠呦呦于1969年接受了国家疟疾防治项目"523"办公室艰巨的抗疟研究任务。屠呦呦担任中药抗疟组组长，从此与中药抗疟结下了不解之缘。

由于当时的科研设备比较陈旧，科研水平也无法达到国际一流水平，不少人认为这个任务难以完成。只有屠呦呦坚定地说："没有行不行，只有肯不肯坚持。"

通过整理中医药典籍、走访名老中医，她汇集了640余种治疗疟疾的中药单秘验方。在青蒿提取物实验药效不稳定的情况下，出自东晋葛洪《肘后备急方》中对青蒿截疟的记载——"青蒿一握，以水二升渍，绞取汁，尽服之。"给了屠呦呦新的灵感。

通过改用低沸点溶剂的提取方法，富集了青蒿的抗疟组分，屠呦呦团队最终于1972年发现了青蒿素。据世卫组织不完全统计，在过去的20年里，青蒿素作为一线抗疟药物，在全世界已挽救数百万人生命，每年治疗患者数亿人。

2015年10月6日，屠呦呦在北京家中接受采访。（新华社记者李贺摄）

### 淡泊名利　一心只为科研

每当谈起青蒿素的研究成果，屠呦呦总是会说："研究成功是当年团队集体攻关的结果。"而鲜为人知的是，起步时的屠呦呦团队只有屠呦呦和两名从事化学工作的科研人员，后来才逐步成为化学、药理、生药和制剂的多学科团队。

中国中医科学院首席研究员、青蒿素研究中心学术委员会主任姜廷良说："对青蒿素作用机理的研究，需要'大协作'思维。"在这样的思路下，屠呦呦的团队结构发生了变化。

目前，屠呦呦团队共30多人，这些研究人员并不局限于化学领域，而拓展到药理、生物医药研究等多个学科，形成多学科协作的研究模式。屠呦呦介绍，未来青蒿素的抗疟机理将是她和科研团队的攻关重点。

"在对青蒿素抗疟机理研究方面,我们目前正在深入探讨'多靶点学说',并已取得一定研究进展。"中国中医科学院研究员、青蒿素研究中心学术委员会副主任廖福龙说,"青蒿中除青蒿素以外的某些成分虽然没有抗疟作用,但却能促进青蒿素的抗疟效果。"

2015年12月10日,在瑞典首都斯德哥尔摩音乐厅举行的2015年诺贝尔奖颁奖仪式上,中国科学家屠呦呦(左)从瑞典国王卡尔十六世·古斯塔夫手中领取诺贝尔生理学或医学奖。(新华社记者叶平凡摄)

不仅如此，科研人员在对双氢青蒿素的深入研究中，发现了该物质针对红斑狼疮的独特效果。屠呦呦介绍，根据现有临床探索，青蒿素对盘状红斑狼疮和系统性红斑狼疮有明显疗效。

据中国中医科学院中药研究所透露，"双氢青蒿素治疗红斑狼疮"已获国家食品药品监督管理总局批复同意开展临床试验。这也是双氢青蒿素被批准为一类新药后，首次申请增加新适应症。

### 永不止步：未来青蒿素依然是抗疟首选药物

世界卫生组织发布的《2018年世界疟疾报告》显示，全球疟疾防治进展陷入停滞。多项研究表明，在大湄公河次区域等地区，出现不同程度的对青蒿素联合疗法的抗药现象。

2019年4月25日，第12个世界疟疾日，中国中医科学院青蒿素研究中心和中药研究所的科学家们在国际权威期刊《新英格兰医学杂志（NEJM）》提出了"青蒿素抗药性"的合理应对方案。

屠呦呦团队提出，面对"青蒿素抗药性"现象，延长用药时间，疟疾患者还是能够被治愈。除此之外，现有的"青蒿素抗药性"现象在不少情况下其实是青蒿素联合疗法中的辅助药物发生了抗药性。针对这种情况，更换联用疗法中的辅助药物，就会取得更好的效果。

屠呦呦说，青蒿素价格低廉，每个疗程仅需几美元，适用于疫区集中的非洲广大贫困地区人群。因此研发廉价青蒿素联合疗法对实现全球消灭疟疾的目标意义非凡。

"中国医药学是一个伟大宝库，青蒿素正是从这一宝库中发掘出来的。未来我们要把青蒿素研发做透，把论文变成药，让药治得了病，让青蒿素更好地造福人类。"屠呦呦说。

# 共和国勋章

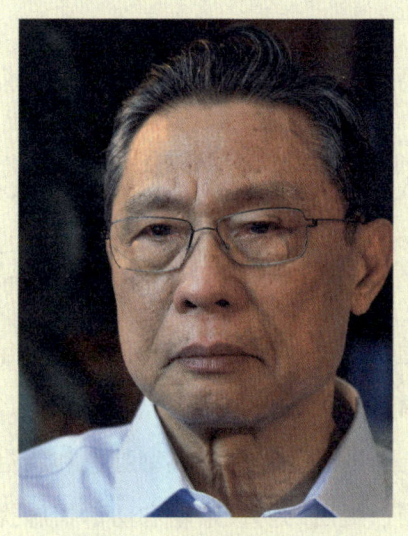

## 钟南山

  钟南山，男，汉族，中共党员，1936年10月生，福建厦门人，广州医科大学附属第一医院国家呼吸系统疾病临床医学研究中心主任，中国工程院院士，第十一、十二届全国人大代表，第八、九、十届全国政协委员。他长期致力于重大呼吸道传染病及慢性呼吸系统疾病的研究、预防与治疗，成果丰硕，实绩突出。新冠肺炎疫情发生后，他敢医敢言，提出存在"人传人"现象，强调严格防控，领导撰写新冠肺炎诊疗方案，在疫情防控、重症救治、科研攻关等方面作出杰出贡献。荣获国家科学技术进步奖一等奖和"全国先进工作者""改革先锋"等称号。

# 钟南山：敢医敢言，生命至上

"什么是最大的人权？我们保住了这么多人的命，这是我们最大人权的表现。"新学期开学之际，中国呼吸疾病研究领域的领军人物钟南山通过电视动情地说。

这是全国中小学生特殊的"开学第一课"。2020年，一场突如其来的新冠肺炎疫情席卷全国，84岁的钟南山再次迎疫而上，以实际行动诠释了"人民至上、生命至上"的理念。在非典型肺炎和新冠肺炎疫情防控中，他敢医敢言，勇于担当，提出的防控策略和防治措施挽救了无数生命，作出了巨大贡献。

## 敢医敢言：科学只能实事求是，不能"明哲保身"

2020年1月19日，两张照片在网上广泛流传。一张照片里，钟南山神情疲惫地靠坐在一列高铁餐车的座位上；另一张照片，显示了两张1月18日从广州前往武汉的高铁车票。

两张照片引发网民的强烈反响，因为就在几天前，钟南山还向全国民众发出呼吁，希望普通人如果没有迫切需要，不要前往武汉，但他自己却毅然"逆行"。

1月18日，临危受命担任国家卫生健康委员会高级别专家组组长的钟南山登上从广州开往武汉的高铁，为的是查明在武汉报告的一种未知的"新

共和国勋章

2020年9月8日上午，全国抗击新冠肺炎疫情表彰大会在北京人民大会堂隆重举行。图为"共和国勋章"获得者钟南山。（新华社记者谢环驰摄）

2020年3月18日，钟南山出席广州市疫情防控新闻通气会。（新华社记者卢汉欣摄）

型肺炎"。

在武汉实地调研后，国家卫生健康委员会高级别专家组确认，这种"新型肺炎"已经出现"人传人"现象。1月20日，钟南山在北京接受媒体采访时，果断向社会公布新冠肺炎存在"人传人"的情况，拉响了全国新冠肺炎疫情防控的警报。

此后，他多次出席新闻发布会，接受境内外媒体采访，为公众答疑解惑，为一线战"疫"注入信心。

"全国帮忙，武汉是能够过关的！武汉本来就是一个英雄的城市。"1月28日，在武汉抗击新冠肺炎疫情最为焦灼的时候，钟南山接受新华社专访时动情地说。

这并不是钟南山第一次"敢医敢言"。早在2003年"非典"疫情期间，他就在"衣原体是病因"几乎已经成为定论的背景下，以客观事实和临床经验为依据，提出并证实"非典"病因是一种新型冠状病毒。他还面对极大的外部压力,坦言当时北京的疫情传播没有得到有效防控,为当时疫情防控工作走上正轨起到了关键性作用。

"科学只能实事求是,不能明哲保身,否则受害的将是患者。书本上没有的,只能在实践中摸索。"钟南山曾在接受采访时这样说。

2020年8月11日,国家主席习近平签署主席令,授予84岁的钟南山"共和国勋章",以表彰他在抗击新冠肺炎疫情进程中作出的杰出贡献。"共和国勋章"建议人选的公示称,在新冠肺炎疫情发生后,钟南山敢医敢言,提出存在"人传人"现象,强调严格防控,领导撰写新冠肺炎诊疗方案,在疫情防控、重症救治、科研攻关等方面作出杰出贡献。

2020年1月28日,钟南山在广州接受新华社记者专访。(新华社记者刘大伟摄)

## "人民至上、生命至上"

钟南山出生于医生之家。父亲钟世藩毕业于北京协和医学院,是著名的儿科专家;母亲廖月琴,同样毕业于北京协和医学院。

"我读小学时身体比较弱,听说通过锻炼可以使身体更强壮,所以就喜欢上了踢球、跑步。"1955年,在广东省的一次田径运动会上,读高三的钟南山在400米项目上打破当时的全省纪录,并在之后的全国比赛中获得第三名。

也是在这一年,钟南山在报考大学时决定学医。"跟爸爸讨论了半天,他说学医的话,不单是自己身体要好,而且要帮别人身体也健康,我于是决定读医学。"

1955年,钟南山考入北京医学院,走上从医道路。"我非常佩服运动员的拼搏精神,其实我们搞医疗也一样,不到最后,不能放弃。"钟南山说。

从此,"不到最后不放弃",厚植于钟南山医生心中。

在抗击"非典"中,钟南山"把最危重的病人送到我这里来"那句话,落地有声、铿锵有力;在抗击新冠疫情中,他再次作出"绝不放弃任何一个患者"的庄严承诺。

2020年8月27日,一位使用体外膜肺氧合(ECMO)辅助支持长达111天的新冠肺炎患者从广州医科大学附属第一医院康复出院,创造了新的救治奇迹。

"做体外膜肺氧合有风险,很容易引起出血,也很容易引起凝血,还可能引起感染,这三个'关'是很困难的。"钟南山介绍说,"在救治过程中,

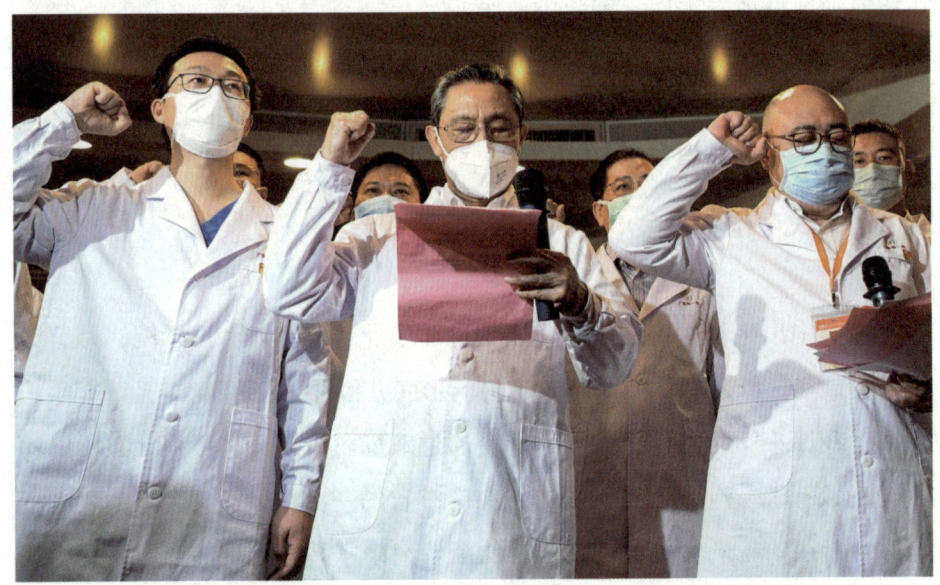

2020年3月2日,钟南山(前中)在广州医科大学附属第一医院首批战"疫"一线火线发展党员的入党宣誓仪式上领誓。(新华社记者邓华摄)

只要有一线希望，我们可以不惜一切代价。即便看起来必死无疑的患者，我们还是要像绣花一样抢救回来。"

### 传染病无国界，相互支持少走弯路

"传染病是没有国界的。只要有一个国家不作干预，全球新冠疫情就不会消失。"钟南山说。

在一线指导救治的同时，钟南山始终坚守在国际医学研究一线，第一时间分享中国的抗疫做法经验。截至2020年6月，他与10余个国家和地区医学同行进行了30多场连线⋯⋯

"通过交流，可让其他国家少走弯路。"钟南山说，"因为我们走过了艰难的路，所以要相互支持。"

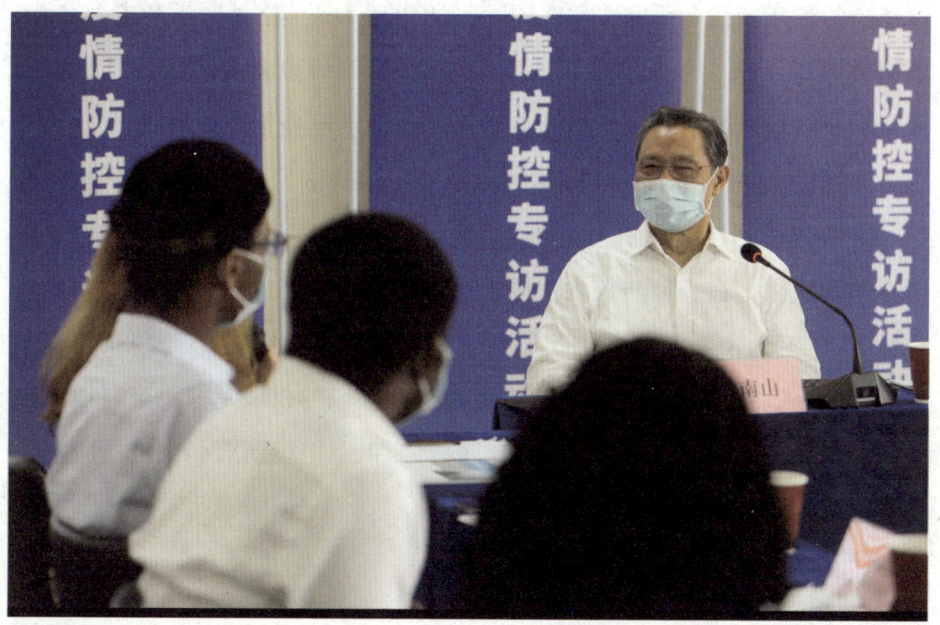

2020年4月15日，广州市人民政府新闻办公室在广州医科大学举办广州市第78场疫情防控新闻采访活动，钟南山（右一）与在穗工作学习的外籍人士代表进行座谈交流。（新华社记者李嘉乐摄）

他表示："从抗击'非典'到抗击新冠肺炎，我国科研攻关能力在战'疫'中历经锤炼。如果说抗击'非典'时我们更偏重救治患者，此次战'疫'中我们把科研攻关提高到与临床救治同样重要的位置。这次，不单将论文写在祖国大地上，也写在了地球大地上。"

2020年1月21日，科技部组织召开"新型冠状病毒联防联控工作机制科研攻关组第一次会议"。会议宣布成立以钟南山院士为组长、14位专家组成的新型冠状病毒感染的肺炎疫情联防联控工作机制科研攻关专家组。

2月13日，钟南山团队宣布从新冠肺炎患者的粪便样本中分离出新冠病毒；2月14日，在钟南山指导下，呼吸疾病国家重点实验室联合中科院广州生物医药与健康研究院等研发出新冠病毒IgM抗体快速检测试剂盒；2月28日，钟南山与全国30多位作者共同完成"中国2019年新型冠状病毒感染的临床特征"研究，并在国际医学期刊《新英格兰医学杂志》发表。该研究收集了来自全国552家医院的1099例确诊患者的临床信息，提出严格、及时地采取流行病学措施，对遏制疫情迅速蔓延至关重要。

如今，钟南山带领的广州医科大学呼吸疾病国家重点实验室科研团队已经在快速检测、老药新用、疫苗研发、院感防控、动物模型等方面取得了一系列成果，在疫情防控中发挥了重要作用。

2020年9月4日，外交部发言人华春莹在回应钟南山入选世卫组织专家组时表示，钟南山院士是中国传染病防控领域的权威专家，享有很高声望，相信钟南山院士的专业精神和经验将为世卫组织新冠肺炎疫情应对评估专家组的工作提供帮助并作出积极贡献。

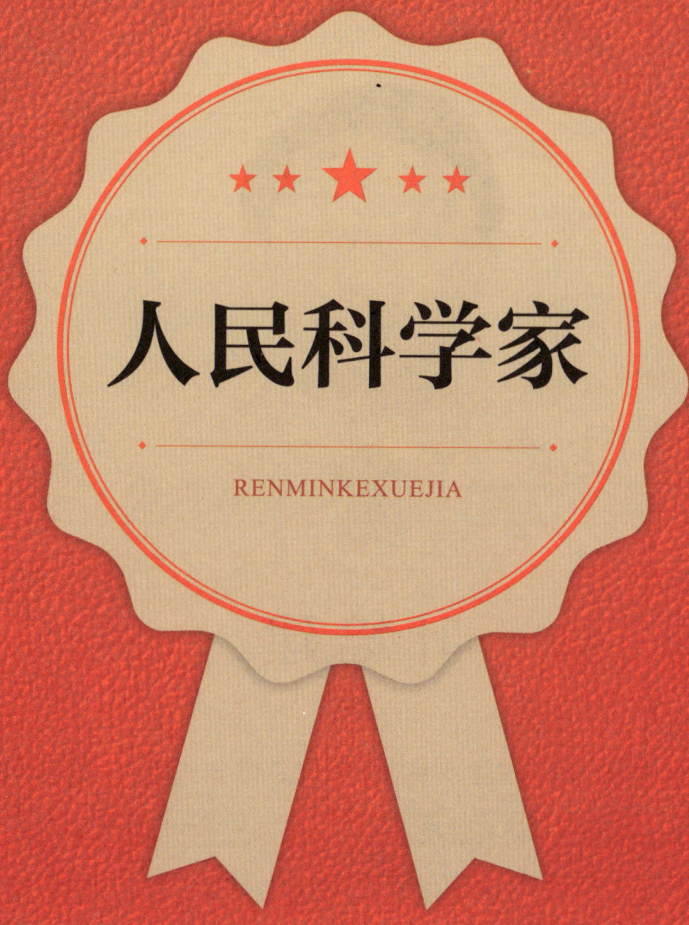

# 人民科学家

## 叶培建

  叶培建，男，汉族，中共党员，1945年1月生，江苏泰兴人，中国空间技术研究院技术顾问、研究员，中国科学院院士。他是嫦娥一号总设计师兼总指挥，嫦娥三号探测器系统首席科学家，嫦娥二号、嫦娥四号、嫦娥五号试验器总指挥、总设计师顾问，在各号嫦娥方案的选择和确定、关键技术攻关、大型试验策划与验证、嫦娥四号首次实现月背软着陆等方面发挥了重要作用。荣获国家科学技术进步奖特等奖。

# 叶培建：中国人迟早会走出地球

2016年全国两会前夕，北京中关村南大街，与国家图书馆毗邻的中国空间技术研究院，一间10平方米的办公室里，采访伴着咖啡的香味，开始了。

猴年元宵节刚过，腰疼还没好的全国政协委员、嫦娥一号卫星系统总指挥兼总设计师叶培建院士就和"70"后优秀弟子、嫦娥三号探测器系统总指挥孙泽洲出差"开工"了。

回到北京，他继续论证中国载人深空探测的必要性和可能性。此外，认真写2016年带上全国两会的提案建议：中国国民国防意识亟待加强和"不作为病"如何医治……

2007年10月24日，嫦娥一号直刺苍穹。叶培建是卫星系统总指挥和总设计师"一肩挑"。作为中国首颗探月卫星，嫦娥一号成功绕月，是继人造地球卫星、载人航天飞行之后中国航天事业发展的又一座里程碑，标志中国迈出深空探测的第一步。

2010年10月1日，嫦娥二号成功发射，获得世界首幅分辨率为7米的全月图；为嫦娥三号验证了部分关键技术。2013年12月2日，嫦娥三号披挂出征，着陆器稳稳"落下去"——月面软着陆；"玉兔"号月车缓缓"走起来"——月面巡视探测。

如今，叶培建是中国探月工程的高级专家顾问。这位顾问一点都不来"虚的"，而是"真顾真问"。

2015年，长征五号运载火箭和嫦娥五号月球探测器，在海南文昌发射场合练。"这是新火箭、新探测器、新靶场的首次'见面'，是2017年嫦娥五号实施中国探月三期工程——奔月、绕月、落月、获取月球样品后返回地球任务之前,对各大系统的一次重要检阅。"叶培建说,很多工作人员 2015 年中秋节和国庆节都是在靶场(发射场)过的。有些参研参试人员在靶场一待就是 4 个月。

说这些辛苦时,他没有提及自己。但是,在"60 后""70 后"当家、"80 后""90 后"日益成为主力的靶场,像他这样的长者,真心不多见。

从发射嫦娥一号、二号、三号的西昌,到即将发嫦娥五号的文昌,叶培建都常去。他看起来比实际年轻,连白头发都不是很多,语速快,思维快。更重要的是:壮心不已。

2013 年 12 月 14 日,嫦娥三号探测器系统首席科学家、中科院院士叶培建在北京飞控中心接受记者采访。当日,嫦娥三号平稳落月,中国首次地外天体软着陆成功。(新华社记者王建民摄)

"如果问我们这些人什么最幸福?那就是圆满完成每一次的探月任务。"叶培建说,"我们航天人,总是自觉不自觉地把自己视为国家的人。"

航天人、探月人、我们……这些词在叶培建口中说出时,有一种自然而然的归属和骄傲。这种归属和骄傲，来自把自己全身心交给一份既符合祖国需要又能实现个人梦想的事业后的执着与淡定。

"中国载人深空探测还没有具体计划。"叶培建说，人有好奇心，只有不断探索人类才能进步。人类社会生产力的持续发展与地球空间资源有限决定人类要走出地球。

叶培建说，中国人迟早会走出地球"摇篮"，登上月球、小行星、火星……一方面为人类探索做出贡献，一方面维护中国人自己的太空权益。

# 人民科学家

## 吴文俊

　　吴文俊，男，汉族，中共党员，1919年5月生，2017年5月去世，上海市人，中国科学院数学与系统科学研究院研究员，中国科学院院士。第五、六、七、八届全国政协委员。他对数学的核心领域拓扑学作出重大贡献，开创了数学机械化新领域，对国际数学与人工智能研究影响深远。他用算法的观点对中国古算作了分析，同时提出用计算机自动证明几何定理的有效方法，在国际上被称为"吴方法"。荣获国家最高科学技术奖。

# 吴文俊：为现代数学开拓新天地

他是中国数学界的泰山北斗，1956年就与华罗庚、钱学森一起获得首届国家自然科学一等奖。他开创了近代数学史上第一个由中国人原创的研究领域，82岁高龄时又站在首届国家最高科技奖的领奖台上。

浩瀚宇宙中，一颗被命名为"吴文俊星"的小行星和光同尘，世间巨星却已陨落。2017年5月7日7时21分，中国科学院院士吴文俊因病医治无效，在北京逝世，享年98岁。

斯人已去，空余追忆。"吴文俊一生淡泊自守，对于名利看得很轻，从来不宣扬自己，以至于他在国内的知名度与他的成就极不相称。"近现代数学史研究者胡作玄说。

## "吴公式""吴方法"：为现代数学开拓新天地

2000年的首届国家最高科技奖被授予两个人，一个是吴文俊，一个是袁隆平。在当时的介绍中，吴文俊的成就是"对数学的主要领域——拓扑学做出了重大贡献""开创了崭新的数学机械化领域"。

拓扑学被称为"现代数学的女王"。20世纪50年代前后，吴文俊由繁化简、由难变易，提出"吴示性类""吴公式"等，为拓扑学开辟了新的天地。

他的工作起到了承前启后的作用，令国际数学界瞩目，也因此成为影响深远的经典性成果。吴文俊的工作被五位国际数学最高奖——菲尔兹奖得主引用，许多著名数学家从中受到启发或直接以他的成果为起始点之一。

"对纤维丛示性类的研究做出了划时代的贡献。"数学大师陈省身这样称赞吴文俊。1956年，吴文俊获得首届国家自然科学一等奖。

到了20世纪70年代后期，吴文俊又提出用计算机证明几何定理的"吴方法"，开创了近代数学史上的第一个由中国人原创的研究领域——数学机械化，实现将烦琐的数学运算证明交由计算机来完成的目标。

这一理论后来被应用于多个高技术领域，解决了曲面拼接、机构设计、

1955年，吴文俊在中科院数学所作拓扑学的学术报告。（新华社发）

计算机视觉、机器人等高技术领域核心问题。2011 年，中国人工智能学会发起设立了"吴文俊人工智能科学技术奖"。

吴文俊的各项独创性研究工作使他在国际、国内享有很高的声誉。2010 年，经国际天文学联合会小天体命名委员会批准，国际编号第 7683 号小行星被永久命名为"吴文俊星"。

## 做"有意思的事"：中国古代数学给了启发

2011 年笔者采访吴文俊时，北京天气十分闷热，吴文俊鹤发童颜，拄着拐杖在门口迎接。落座后才得知他前段时间不小心摔了一跤，手臂上还留着大片的瘀青。

"我平时喜欢一个人出去转转，前几天下雨路滑，不小心就摔了一下。"吴文俊不以为意地笑谈。当时，92 岁的他还经常一个人去逛逛书店、电影院，偶尔还自己坐车去中关村的知春路喝喝咖啡。

"我就喜欢自由自在，做些有意思的事情。"在吴文俊心里，数学研究就是件"有意思"的事，尤其是晚年从事的中国古代数学研究，更是自己"最得意"的工作。

20 世纪 70 年代后期提出的"吴方法"，被认为是自动推理领域的先驱性工作，对数学与计算机科学研究影响深远。这一开创性研究，就是吴文俊在中国古代传统数学的启发下取得的。

在同一时期，吴文俊还用算法的观点对中国古算作了正本清源的分析，认为中国古算是算法化的数学，由此开辟了中国数学史研究的新思路与新方法。

"我非常欣赏'中国式'数学，而不是'外国式'数学。"吴文俊在那次接受记者采访时说，"中国古代数学一点也不枯燥，简单明了，总有一种吸引力，有意思！"

## 自认"笨人":"让人踩在我的肩膀上再上去一截"

在熟悉的人眼里,吴老是位"老顽童",他乐观开朗,常有一些惊人之举。有一次去香港参加研讨会,开会间隙出去游玩,年逾古稀的他竟坐上了过山车,玩得不亦乐乎;一次访问泰国期间,他坐到大象鼻子上开怀大笑,还拍下了照片。

吴文俊在 70 岁的时候,曾经写了一首打油诗:"七十不稀奇,八十有的是,九十诚可贵,一百亦可期。"到了 80 岁大寿的时候,他对这首诗做了微妙的修改,把每一句都增加了 10 岁。

"做研究不要自以为聪明,总是想些怪招,要实事求是,踏踏实实。功夫不到,哪里会有什么灵感?"吴文俊曾在采访中这样说。

1985 年,吴文俊(右一)与学生讨论问题。(新华社发)

"数学是笨人学的,我是很笨的,脑筋'不灵'。"他说。可就是这样一位自认为"很笨"的人,总能站在数学研究的最前沿。

面对各种荣誉，吴文俊看得很轻。获得国家最高科技奖后，他说："我不想当社会活动家，我是数学家、科学家，我只能尽可能避免参加各种社会活动。"

他也曾谦逊地说："不管一个人做什么工作，都是在整个社会、国家的支持下完成的。我们是踩在许多老师、朋友、整个社会的肩膀上才上升了一段。应当怎么样回报老师、朋友和整个社会呢？我想，只有让人踩在我的肩膀上再上去一截。"

# 人民科学家

## 南仁东

南仁东，男，满族，群众，1945年2月生，2017年9月去世，吉林辽源人，中国科学院国家天文台原首席科学家兼总工程师。他潜心天文研究，坚持自主创新，1994年提出500米口径球面射电望远镜（FAST）工程概念，主导利用贵州省喀斯特洼地作为望远镜台址，从论证立项到选址建设历时22年，主持攻克了一系列技术难题，为FAST重大科学工程的顺利落成发挥关键作用。荣获"改革先锋"称号。

# 南仁东：进入无垠广袤的人生

最懂"天眼"的人，走了。

24 载，8000 多个日夜，为了追逐梦想，500 米口径球面射电望远镜首席科学家、总工程师南仁东心无旁骛，在世界天文史上镌刻下新的高度。

2017 年 9 月 25 日，"天眼"落成启用一周年。可在 10 天前，他却永远地闭上了眼睛。

图为 2010 年 8 月拍摄的南仁东（新华社张蜀新摄）

"天眼"所在的大窝凼，星空似乎为之黯淡。

一个人的梦想能有多大？大到可以直抵苍穹。一个人的梦想能有多久?久到能够穿越一生。

## "痴":为"天眼"穿越一生

许多个万籁寂静的夜晚,南仁东曾仰望星空:我们是谁?我们从哪里来?茫茫宇宙中我们真是孤独的吗?

探索未知的宇宙——这个藏在无数人心底的梦,他用一生去追寻。

八字胡,牛仔裤,个子不高,嗓音浑厚。手往裤兜里一插,精神头十足的南仁东总是"特别有气场"。

2017年1月,南仁东在2016年科技盛典颁奖现场。(新华社发)

寻找外星生命,在别人眼中"当不得真",这位世界知名的天文学家,电脑里却存了好几个G的资料,能把专业人士说得着了迷。

两年前,已经70岁的南仁东查出肺癌,动了第一次手术。家人让他住到郊区一个小院,养花遛狗,静养身体。

他的学生、国家天文台研究员苏彦去看他。一个秋日里,阳光很好,院子里花正盛开,苏彦宽慰他,终于可以过清闲日子了。往日里健谈的南仁东却呆坐着不吱声,过了半晌,才说了一句:"像坐牢一样。"

自从建中国"天眼"的念头从心里长出来,南仁东就像上了弦一样。

24年前,日本东京,国际无线电科学联盟大会。科学家们提出,在全球电波环境继续恶化之前,建造新一代射电望远镜,接收更多来自外太空的讯息。

南仁东坐不住了,一把推开同事房间的门:我们也建一个吧!

他如饥似渴地了解国际上的研究动态。

南仁东曾在日本国立天文台担任客座教授,享受世界级别的科研条件和薪水。

可他说:我得回国。

2013年7月19日,南仁东在大窝凼施工现场。(新华社发,中科院国家天文台供图)

选址，论证，立项，建设。哪一步都不易。

有人告诉他，贵州的喀斯特洼地多，能选出性价比最高的"天眼"台址，南仁东跳上了从北京到贵州的火车。绿皮火车咣当咣当开了近50个小时，一趟一趟坐着，车轮不觉间滚过了10年。

1994年到2005年，南仁东走遍了贵州大山里的上百个窝凼。乱石密布的喀斯特石山里，不少地方连路都没有，只能从石头缝间的灌木丛中，深一脚、浅一脚地挪过去。

时任贵州平塘县副县长的王佐培，负责联络望远镜选址，第一次见到这个"天文学家"，诧异他太能吃苦。

七八十度的陡坡，人就像挂在山腰间，要是抓不住石头和树枝，一不留神就摔下去了。王佐培说："他的眼睛里充满兴奋，像发现了新大陆。"

1998年夏天，南仁东下窝凼时，偏偏怕什么来什么，瓢泼大雨从天而降。因为亲眼见过窝凼里的泥石流，山洪裹着砂石，连人带树都能一起冲走。南仁东往嘴里塞了救心丸，连滚带爬回到垭口。

"天眼"之艰，不只有选址。

这是一个涉及领域极其宽泛的大科学工程，天文学、力学、机械、结构、电子学、测量与控制、岩土……从纸面设计到建造运行，有着十万八千里的距离。

"天眼"之难，还有工程预算。

有那么几年时间，南仁东成了一名"推销员"，大会小会、中国外国，逢人就推销"天眼"项目。

"天眼"成了南仁东倾注心血的孩子。

他不再有时间打牌、唱歌，甚至东北人的"唠嗑"也扔了。他说话越来越开门见山，没事找他"唠嗑"的人，片刻就会被打发走。

审核"天眼"方案时，不懂岩土工程的南仁东，用了1个月时间埋头学习，对每一张图纸都仔细审核、反复计算。

人民科学家

2013年7月19日，南仁东在大窝凼施工现场。（新华社发）

即使到了70岁，他还在往工地上跑。中国电子科技集团公司第五十四研究所的邢成辉，曾在一个闷热的夏日午后撞见南仁东。为了一个地铆项目的误差，南仁东放下筷子就跑去工地，生怕技术人员的测量出了问题。

一个当初没有多少人看好的梦想，最终成为一个国家的骄傲。

"天眼"，看似一口"大锅"，却是世界上最大、最灵敏的单口径射

· 勋章 · 共和国不会忘记

2016年9月24日，群山之中的FAST工程。（新华社记者欧东衢摄）

电望远镜，可以接收到百亿光年外的电磁信号。

"20多年来他只做这一件事。"南仁东病逝消息传来，国家天文台台长严俊把自己关在屋里哭了一场："天眼"项目就像为南仁东而生，也燃烧了他最后20多年的人生。

### "狂"：做世界独一无二的项目

狂者进取。

"天眼"曾是一个大胆到有些突兀的计划。20世纪90年代初，中国最大的射电望远镜口径不到30米。

与美国寻找地外文明研究所的"凤凰"计划相比，口径500米的中国"天眼"，可将类太阳星巡视目标扩大至少5倍。

世界独一无二的项目，不仅是研究天文学，

还将叩问人类、自然和宇宙亘古之谜。在不少人看来，这难道不是"空中楼阁"吗？

中国为什么不能做？南仁东放出"狂"言。

他骨子里不服输。20 世纪八九十年代出国开会时，他就会拿着一口不算地道的英语跟欧美同行争辩，从天文专业到国际形势，有时候争得面红耳赤，完了又搂着肩膀一块儿去喝啤酒。

多年以后，他还经常用他那富有磁性的男中音说一个比喻：当年哥伦布建造巨大船队，得到的回报是满船金银香料和新大陆；但哥伦布计划出海的时候，伊莎贝拉女王不知道，哥伦布也不知道，未来会发现一片新大陆。

这是他念兹在兹的星空梦——中国"天眼"，FAST，这个缩写也正是"快"的意思。

"一个野心勃勃的计划。"国际同行这样评价。

"对他而言，中国需要这样一个望远镜，他扛起这个责任，就有了一种使命感。""天眼"工程副经理张蜀新与南仁东的接触越多，就越理解他。

"天眼"是一个庞大系统工程，每个领域，专家都会提各种意见，南仁东必须做出决策。

没有哪个环节能"忽悠"他。这位"首席科学家""总工程师"，同样也是一个"战术型的老工人"。每个细节，南仁东都要百分百肯定的结果，如果没有解决，就一直盯着，任何瑕疵在他那里都过不了关。

工程伊始，要建一个水窖。施工方送来设计图纸，他迅速标出几处错误打了回去。施工方惊讶极了：这个搞天文的科学家怎么还懂土建？

一位外国天文杂志的记者采访他，他竟然给对方讲起了美学。

"天眼"总工艺师王启明说，科学要求精度，精度越高性能越好；可对工程建设来说，精度提高一点，施工难度可能成倍增加。南仁东要在两者之间求得平衡，不是一件容易的事。

外人送他的天才"帽子"，南仁东敬谢不敏。他有一次跟张蜀新说：

"你以为我是天生什么都懂吗？其实我每天都在学。"的确，在张蜀新记忆里，南仁东没有节假日的概念，每天都在琢磨各种事情。

2010年，因为索网的疲劳问题，"天眼"经历了一场灾难性的风险。65岁的南仁东寝食不安，天天在现场与技术人员沟通。工艺、材料，"天眼"的要求是现有国家标准的20倍以上，哪有现成技术可以依赖。南仁东亲自上阵，日夜奋战，700多天，经历近百次失败，方才化险为夷。

因为这个"世界独一无二的项目"，他一直在跟自己较劲。

### "野"：永远保持对未知世界的求知欲望

南仁东的性格里有股子"野劲"，想干的事一定要干成。

2014年，"天眼"反射面单元即将吊装，年近七旬的南仁东坚持自己第一个上，亲自进行"小飞人"载人试验。

这个试验需要用简易装置把人吊起来，送到6米高的试验节点盘。在高空中无落脚之地，全程需手动操作，稍有不慎，就有可能摔下来。

从高空下来，南仁东的衣服被汗水浸透了，但他发现试验中的几个问题。

"他喜欢冒险。没有这种敢为人先的劲头，是不可能干成'天眼'项目的。"严俊说。

"天眼"现场有6个支撑铁塔，每个建好时，南仁东总是"第一个爬上去的人"。几十米高的圈梁建好了，他也要第一个走上去，甚至在圈梁上奔跑，开心得像个孩子。

如果把创造的冲动和探索的欲望比作"野"，南仁东无疑是"野"的。

在他看来，"天眼"建设不是由经济利益驱动，而是"来自人类的创造冲动和探索欲望"。他也时常告诉学生，科学探索不能太功利，只要去干，就会有意想不到的收获。

2015年11月25日,南仁东(左二)在大窝凼施工现场指导反射面单元拼装工作。(新华社发)

南仁东其实打小就"野"。他是学霸,当年吉林省的高考理科状元,考入清华大学无线电系。工作10年后,因为喜欢仰望苍穹,就"率性"报考了中科院读研究生,从此在天文领域"一发不可收拾"。

他的涉猎之广泛,学识之渊博,在单位是出了名的。曾有一个年轻人来参加人才招聘会,一进来就说自己外语学的是俄语。南仁东就用俄语问了他几个问题,小伙子愣住了,改口说自己还会日语。南仁东又用日语问了一个问题,让小伙子目瞪口呆了半天。

即使是年轻时代在吉林通化无线电厂的那段艰苦岁月,南仁东也能苦中作乐,"野"出一番风采。

工厂开模具,他学会了冲压、钣金、热处理、电镀等"粗活"。土建、水利,他也样样都学。他甚至带领这个国企工厂的技术员与吉林大学合作,生产出我国第一代电子计算器。

20多年前，南仁东去荷兰访问，坐火车横穿西伯利亚，经苏联、东欧等国家。没想到，路途遥远，旅途还未过半，盘缠就不够了。

绘画达到专业水准的南仁东，用最后剩的一点钱到当地商店买了纸、笔，在路边摆摊给人家画素描人像，居然挣了一笔盘缠，顺利到达荷兰。

## "真"：他仿佛是大山里的"村民"

面容沧桑、皮肤黝黑，夏天穿着T恤、大裤衩。这位外貌粗犷的科学家，对待世界却有着一颗柔软的心。

大窝凼附近所有的山头，南仁东都爬过。在工地现场，他经常饶有兴致地跟学生们介绍，这里原来是什么样，哪里有水井、哪里种着什么树，凼底原来住着哪几户人家。仿佛他自己曾是这里的"村民"。

"天眼"馈源支撑塔施工期间，南仁东得知施工工人都来自云南的贫困山区，家里都非常艰难，便悄悄打电话给"天眼"工程现场工程师雷政，请他了解工人们的身高、腰围等情况。

当南仁东第二次来到工地时，随身带了一个大箱子。当晚他叫上雷政提着箱子一起去了工人的宿舍，打开箱子，都是为工人们量身买的T恤、休闲裤和鞋子。

南仁东说："这是我跟老伴去市场挑的，很便宜，大伙别嫌弃……"回来路上，南仁东对雷政说，"他们都太不容易了。"

第一次去大窝凼，爬到垭口的时候，南仁东遇到了放学的孩子们。单薄的衣衫、可爱的笑容，触动了南仁东的心。

回到北京，南仁东就给县上干部张智勇寄来一封信。"打开信封，里面装着500元，南老师嘱托我，把钱给卡罗小学最贫困的孩子。他连着寄了四五年，资助了七八个学生。"张智勇说。

在学生们的眼中，南仁东就像是一个既严厉又和蔼的父亲。

2013年,南仁东和他的助理姜鹏经常从北京跑到柳州做实验,有时几个月一连跑五六趟,目的是解决一个十年都未解决的难题。后来,这个问题终于解决了。

"我太高兴了,以致有些得意忘形了,当我第三次说'我太高兴了'时,他猛浇了我一盆冷水:高兴什么?你什么时候看到我开心过?我评上研究员也才高兴了两分钟。实际上,他是告诉我,作为科学工作者,一定要保持冷静。"姜鹏说。

即使在"天眼"工程竣工时,大家纷纷向南仁东表示祝贺,他依然很平静地说,大望远镜十分复杂,调试要达到最好的成效还有很长一段路。

2017年4月底,南仁东的病情加重,进入人生倒计时阶段。

正在医院做一个脚部小手术的甘恒谦,突然在病房见到了拎着慰问品来看望自己的老师南仁东夫妇,这让他既惊讶又感动。

"我这个小病从来没有告诉南老师,他来医院前也没有打电话给我。他自己都病重成那样了,却还来看望我这个受小伤的学生。"甘恒谦内疚地说,医院的这次见面,竟成为师生两人的永别。

知识渊博、勇于发表观点的南仁东在国际上有许多"铁哥们"。每次见面,都是紧紧握手拥抱。有一个老科学家,在去世之前,还专门坐着轮椅飞到中国来看望南仁东。

不是院士,也没拿过什么大奖,但南仁东把一切看淡。一如病逝后,他的家属给国家天文台转达的他的遗愿:丧事从简,不举行追悼仪式。

"天眼",就是他留下的遗产。

还有几句诗,他写给自己,和这个世界:
美丽的宇宙太空以它的神秘和绚丽,
召唤我们踏过平庸,
进入它无垠的广袤。

# 〔人民科学家〕

## 顾方舟

顾方舟，男，汉族，中共党员，1926年6月生，2019年1月去世，浙江宁波人，中国医学科学院北京协和医学院原院校长、研究员。他是我国脊髓灰质炎疫苗研发生产的拓荒者、科技攻关的先驱者。他研发的脊髓灰质炎疫苗"糖丸"护佑了几代中国人的生命健康，使中国进入无脊髓灰质炎时代。荣获全国科学大会成果奖和"全国消灭脊髓灰质炎工作先进个人"等称号。

# 顾方舟：一生做一事，让中国儿童乘上远离脊灰的方舟

一粒小小的糖丸，承载的是很多人童年里的甜蜜记忆。

然而，很多人在顾方舟去世前并不知道，这粒糖丸里包裹着的，是一位"糖丸爷爷"为抗击脊髓灰质炎而无私奉献的艰辛故事。

2019年1月2日，病毒学家、中国医学科学院北京协和医学院原院校长顾方舟溘然长逝，这位被网友称为"糖丸爷爷"的中国脊髓灰质炎疫苗之父，为实现我国全面消灭脊髓灰质炎并长期维持无脊灰状态而奉献一生，护佑了几代中国人的健康成长。

## 决策路线、埋头深山，他与死神争分夺秒

1955年，脊髓灰质炎在江苏南通发生大规模的爆发。全市1680人突然瘫痪，大多为儿童，并有466人死亡。病毒随后迅速蔓延到青岛、上海、济宁、南宁等地，一时间全国多地暴发疫情，引起社会恐慌。

脊髓灰质炎俗称小儿麻痹症，生病的对象主要是7岁以下的孩子，一旦得病就无法治愈。由于病症是隐性传染，开始的症状和感冒无异，一旦爆发，可能一夜之间，孩子的腿脚手臂无法动弹，如炎症发作在延脑，孩子更可能有生命危险。

1957年，刚回国不久的顾方舟临危受命，开始脊髓灰质炎研究工作。从此，与脊髓灰质炎打交道成为他一生的事业。

当时，国际上存在"死""活"疫苗两种技术路线。

一种是灭活疫苗，也称为死疫苗，可以直接投入生产使用，但要打三针，每针几十块钱，过一段时间还要补打第四针。中国当时每年有一两千万的新生儿，需要同时考虑安全注射和专业队伍的培养，对于当时的中国，要实现这些并非易事。

另一种是减毒活疫苗，成本是死疫苗的千分之一，但因为刚刚发明，药效如何、不良反应有多大……这些都是未知数。

时间紧迫。早一天确定技术路线开始研究，就能早一天挽救更多孩子的未来。然而路线的合理性，不但影响疫苗的研制进度，更关乎千万儿童的生命安全。

"决定使用哪种技术路线，需要有相当的科学勇气和担当。"中国医学科学院北京协和医学院院校长王辰说，当时的情况下，考虑个人的得失，选择死疫苗最稳妥，不会承担任何责任。

深思熟虑后，顾方舟认为当时我国人口众多，生产力也并不发达，他决定，在中国消灭脊髓灰质炎，只能走活疫苗路线。

一支脊灰活疫苗研究协作组随后成立，由顾方舟担任组长。顾方舟深知，世界上的科学技术，说到底还得自力更生。

为了进行自主疫苗研制，顾方舟团队在昆明建立医学生物学研究所，一群人扎根在距离市区几十公里外的昆明西山，与死神争分夺秒。

就这样，一个挽救百万人生命健康的疫苗实验室从一个山洞起家了。顾方舟自己带人挖洞、建房，实验所用的房屋、实验室拔地而起，一条山间小路通往消灭脊髓灰质炎的梦想彼岸。

**面对未知风险，他用自己的孩子试药**

顾方舟制订了两步研究计划：动物试验和临床试验。在动物试验通过后，进入了更为关键的临床试验阶段。按照顾方舟设计的方案，临床试验分为Ⅰ、Ⅱ、Ⅲ三期。

疫苗三期试验的第一期需要在少数人身上检验效果，这就意味着受试者要面临未知的风险。

习惯于自强、忍耐、奉献的顾方舟和同事们，因为对于做出疫苗、为国奉献的迫切心情，因为对自己科研成果的充分自信，毫不犹豫地做出自己先试用疫苗的决定。

冒着瘫痪的危险，顾方舟义无反顾地一口喝下了一小瓶疫苗溶液。吉凶未卜的一周过去后，顾方舟的生命体征平稳，没有出现任何异常。

然而，他的眉头锁得更紧了，另一个问题萦绕在他心头——成人本身大多就对脊灰病毒有免疫力，必须证明这疫苗对小孩也安全才行。那么，找谁的孩子试验？谁又愿意把孩子给顾方舟做试验？

顾方舟毅然做出了一个惊人的决定：瞒着妻子，给刚满月的儿子喂下了疫苗！

这是一个艰难的决定。如果疫苗安全性存在问题，儿子面临的可能是致残的巨大风险。然而为了全中国千千万万的孩子，他义无反顾。

实验室一些研究人员做出了同样令人震惊的决定：让自己的孩子参加了这次试验。经历了漫长而煎熬的一个月，孩子们生命体征正常，第一期临床试验顺利通过。

1960年底，首批500万人份疫苗在全国11个城市推广开来。投放疫苗的城市，流行高峰纷纷削减。

但是面对日益好转的疫情，顾方舟仍然没有大意，他意识到疫苗的储藏条件对疫苗在许多地区的覆盖难度不小，同时服用也是个问题。

经过反复探索实验，陪伴了几代中国人的糖丸疫苗诞生了：把疫苗做成糖丸，首先解决了孩子们不喜欢吃的问题。同时，糖丸剂型比液体的保存期更长，保存的难题也迎刃而解，糖丸疫苗随后逐渐走到了祖国的每个角落。

顾方舟像（新华社资料照片）

1990年，全国消灭脊髓灰质炎规划开始实施，此后几年病例数逐年快速下降，自1994年发现最后一例患者后，至今没有发现由本土野病毒引起的脊髓灰质炎病例。

2000年，"中国消灭脊髓灰质炎证实报告签字仪式"在卫生部举行，已经74岁的顾方舟作为代表，签下了自己的名字。

从 1957 年到 2000 年，从无疫苗可用到消灭脊髓灰质炎，顾方舟一路艰辛跋涉。

整整 44 年。

**献身公共卫生事业，他却说自己只做了一件事**

1944 年，顾方舟以优异的成绩考取了北京大学医学院医学系。

面对当时恶劣的公共卫生环境状况，顾方舟毅然舍弃了待遇高、受尊重的外科医生，选择了当时基础条件差、生活艰苦的苦差事——公共卫生专业。

"作为一个公共卫生学家，让更多的人远离疾病，拥抱健康，这是顾方舟上学时就立下的志向。此后他用一生来践行这一理想信念，为几代中国人带来健康，为中国的公共卫生事业做出了巨大的贡献。"国家卫生健康委副主任曾益新这样评价顾方舟。

顾方舟的脚步并没有停下。此后多年，我国公共卫生事业的一项项成果背后，都少不了他的身影。

——在脊髓灰质炎疫苗之外，顾方舟还致力于推动中国将乙型肝炎疫苗纳入儿童免疫接种的国家计划，并为实现中国乙型肝炎防治目标做出了特殊贡献。

——在担任中国医学科学院北京协和医学院院校长期间，顾方舟大力推进了院校的科学研究和教育事业，协和医学院关于抗癌有效成分的研究、兴奋剂检测方法的研究与实施等四项研究成果，都获得了国家科技进步一等奖。

有人说，顾方舟是比院士还"院士"的科学家，而他却谦逊地说：我一生只做了一件事，就是做了一颗小小的糖丸。

# 人民科学家

程开甲

程开甲，男，汉族，中共党员、九三学社社员，1918年8月生，2018年11月去世，江苏吴江人，原国防科工委科技委常任委员，中国科学院院士。他是我国核武器事业的开拓者、我国核试验科学技术体系的创建者之一。先后参与和主持首次原子弹、氢弹试验，以及"两弹"结合飞行试验等多次核试验，为建立中国特色核试验科学技术体系，锻造改革开放安全屏障，推进科技强国事业作出杰出贡献。荣获"八一勋章""两弹一星"功勋奖章、国家最高科学技术奖和"改革先锋"称号。

· 勋章 · 共和国不会忘记

# 程开甲：赤胆忠诚，科技报国

程开甲在打字机上撰写论文。（新华社资料照片）

　　为祖国作出重大贡献的科学家，祖国和人民是不会忘记的。

　　2018年11月17日，101岁的程开甲走完最后的人生路。1个月后，这位一度隐名埋姓多年的"两弹一星"元勋，被党中央、国务院授予"改革先锋"称号。

1918年8月3日,带着家族光宗耀祖希望的男婴在江苏吴江呱呱坠地,取名开甲。13岁那年,他考入浙江嘉兴秀州中学,成为科学家的理想渐渐萌发。

在那个中华民族积贫积弱的苦难岁月,这个立志"科学救国"的吴江青年远渡重洋,求学英国。

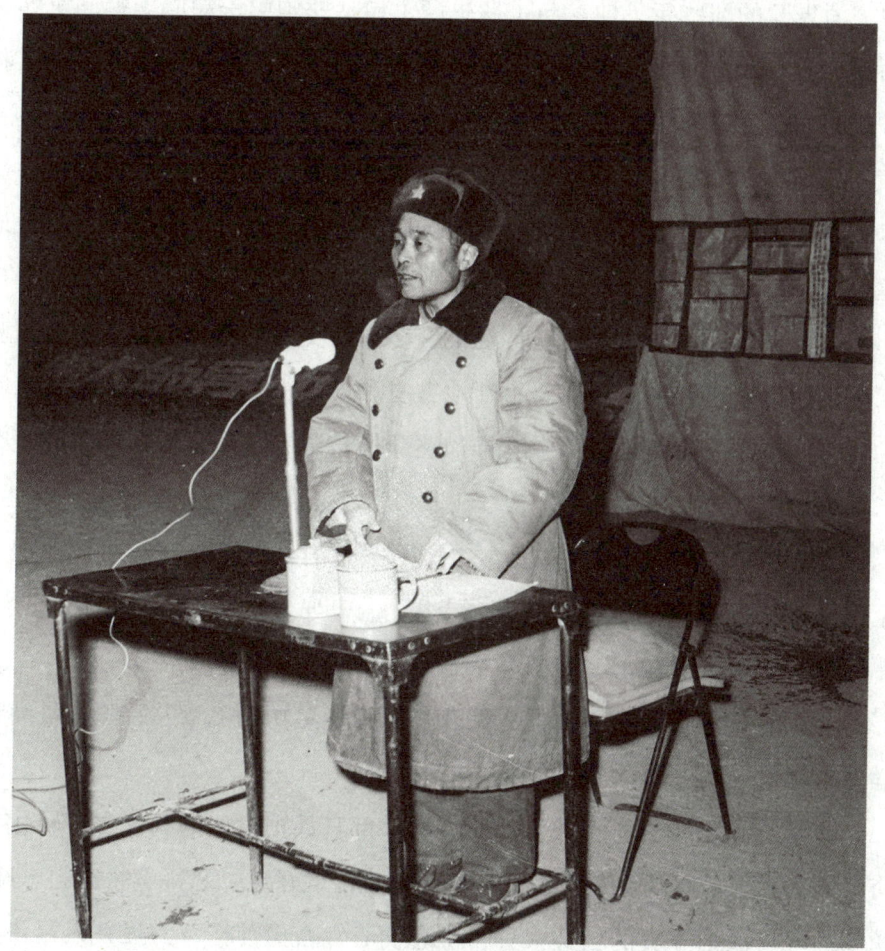

20世纪70年代,程开甲在做任务前动员。(新华社资料照片)

很快,他便崭露头角——与导师波恩共同提出超导电性双带机理,在《Nature》等杂志上发表多篇论文。

新中国成立后，程开甲面对祖国的召唤，于 1950 年果断归国。

20 世纪五六十年代，党中央作出了自主研制"两弹一星"的决策。1960 年，正在南京大学任教的程开甲接到命令去北京报到，加入我国核武器研制队伍中。

自此，已在学术研究上建树颇丰的程开甲销声匿迹几十年。也就是在他"消失"的那些年，他参与主持决策了包括我国第一颗原子弹、氢弹、两弹结合以及地面、首次空投、首次地下平洞、首次竖井试验等多种试验方式的 30 多次核试验。

每次核试验任务，程开甲都会到最艰苦、最危险的一线去检查指导技术工作，多次进入地下核试验爆后现场，爬进测试廊道、测试间，甚至最危险的爆心。

"核试验是一个大型的、广泛的、多学科交叉的系统工程……在试验工程迅速进展过程中，还需要不断地答复和处理一个接一个的工程技术问题。"他曾在一篇回忆文章中这样描述开拓核试验这一全新领域时的复杂与艰难。

从 1963 年第一次踏入"死亡之海"罗布泊，到回北京定居，他把一生中最好的 20 多年时光献给了茫茫戈壁。

2018 年 11 月 17 日，程开甲因病在北京逝世。

生前，他荣誉等身。他先后荣获"两弹一星功勋奖章"、国家最高科学技术奖、"八一勋章"等。

逝后，他精神长青。他生前所在的某部官兵把对他的缅怀之情转化为奋斗的动力。一等功臣袁小进说："一定要传承好老一辈科学家赤胆忠诚、勇攀高峰、淡泊守真的精神火种，不忘初心、奋勇前行，为强军兴军伟大事业作出贡献。"

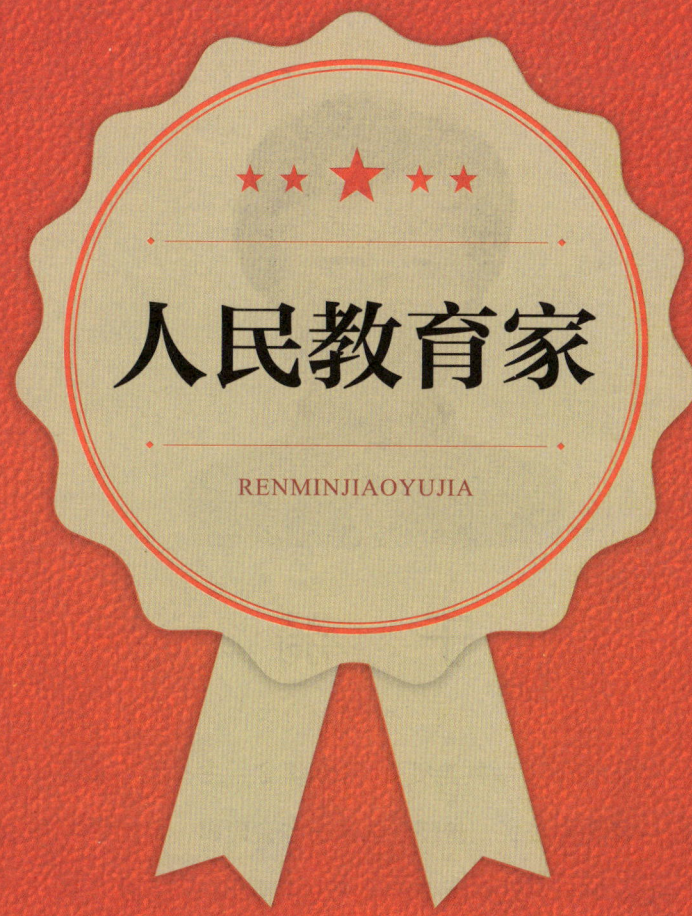

# 人民教育家

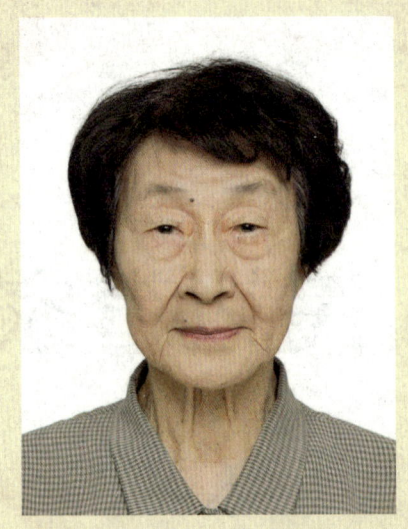

## 于　漪

　　于漪，女，汉族，中共党员，1929 年 2 月生，江苏镇江人，上海市杨浦高级中学名誉校长，曾任全国语言学会理事、全国中学语文教学研究会副会长。她长期躬耕于中学语文教学事业，坚持教文育人，推动"人文性"写入全国《语文课程标准》。主张教育思想和教学实践同步创新，撰写数百万字教育著述，许多重要观点被教育部门采纳，为推动全国基础教育改革发展作出突出贡献。荣获"全国三八红旗手""全国先进工作者""改革先锋"等称号。

# 于漪：站上讲台就是生命在歌唱

"既然我选择了教师，我就选择了高尚。要为祖国培养有用之才，教师自己就要成为一个堂堂正正的人。"已经90岁高龄的于漪，只要站上讲台，就还是人们熟悉的那个样子，站得笔直、表情坚毅、说话铿锵有力。

60多年前，她用"站上讲台就是生命在歌唱"的精神走出了自己的语文教学之路，其教育思想在全国产生重大影响。

改革开放后，面对百废待兴的校园，饱经风霜的她毅然选择重返讲台。她说："教师一个肩膀挑着学生的现在，一个肩膀挑着国家的未来。"

今天，她依然站在教改最前沿，为语文教育奋笔疾书，为新教师培育殚精竭虑。

2009年9月4日，于漪老师（中）同上海市杨浦高级中学的年轻教师们交流。（新华社记者刘颖摄）

## 语文教改先行者

于漪是新中国培养的第一代语文教师,她以人民教师的初心和改革创新的精神不断推动语文教育的发展。

1977年于漪重返讲台,并在电视直播中讲授一堂名为《海燕》的语文课。"选择讲《海燕》,就是因为我相信文章里的那句'乌云是遮不住太阳的',我相信一个奋进的时代就要到来。"

"回归"后的于漪以强烈的使命感潜心钻研语文课堂,整个教学生涯中她共开了近2000节公开课。"在我的课上,学生光做听众不行,也不能只关注成绩好的学生,而是要让每个学生都成为'发光体'。"于漪率先倡导将"我讲你听"式的线性教学结构改为网络式、辐射性的互动教学,在语文教学中产生广泛影响。

2009年9月4日,于漪老师(右三)指导学生们精读自己主持编写的爱国文学精品读本《我爱你,中国》。(新华社记者刘颖摄)

1978年初，报告文学《哥德巴赫猜想》发表，兴奋的于漪找到数学老师，告诉对方"这是了不起的成就，我们唱个'双簧'，你给学生讲陈景润的科学贡献，我讲陈景润为科学献身的精神。"

这正是于漪"教文育人"思想的体现。在她看来，语文不仅是教孩子理解和运用语言文字，更是在建设他们的精神家园，塑造其灵魂。20世纪90年代初，于漪撰文《改革弊端，弘扬人文》，提出"工具性与人文性的统一是语文学科的基本特点"，该观点写入后来的全国语文课程标准，深刻改变了语文教学的模式。

进入新世纪，于漪提出语文学科要"德智融合"，即充分挖掘学科内在的育人价值，将其与知识传授能力的培养相融合，真正将立德树人落实到学科主渠道、课堂主阵地，加强教师的育德能力，获得全国教育界高度认可。

### 新时代教师领路人

"有优秀的教师，学校的四梁八柱就全部立起来了，校长的第一责任是培养教师。"近日，于漪在一场题为"新时代，我们怎样做教师"的讲座上对青年教师如是说。

从教生涯中，于漪总是想方设法为青年教师搭建平台，把他们推向前台。从20世纪80年代开始，她先后培养了三代特级教师，共带教100多名全国各地的青年教师，其中涌现出一批知名教学能手。

退休后，于漪曾任上海市普教系统"双名"培养基地、语文学科德育实训基地主持人等职，并在全国及上海语文课程标准制定、上海语文课改教材编写、民族精神教育等工作中贡献力量。目前，作为首都师范大学、华东师范大学等师范院校的兼职教授，她又承担起国家级骨干教师培训的重任。

2010年10月9日，于漪老师（前）参加上海市杨浦高级中学语文组老教师回校再聚首活动。（新华社李立基摄）

"一辈子做教师，一辈子学做教师"，这是于漪作为师者的谦逊。"书犹药也，善读之可医愚。我教了一辈子语文，至今没有脱愚，很多东西若明若暗。比如诗歌，怎么教才能打动孩子？等我再想清楚一点，就把心得体会分享给老师们。"

在于漪看来，教师工作就像"双重奏"，教师自己的人生一定要奏响中国特色教育的交响曲，还要引领学生走一条正确健康的人生路。

她引用英国小说《月亮与六便士》对新时代语文教师提出要求：首先心中要有月亮，也就是理想信念，去真正敬畏专业、尊重孩子，还要有学识，如此才能看透"六个便士"，看透物质的诱惑。"满地都是便士，作为教师，必须抬头看见月亮。"她说。

## 先进教育思想传播者

于漪家里有一本她专用的挂历，挂历上，几乎每一个日子都画上了圈，不少格子里还不止一个圈。有时是审阅语文教材和教参，有时是走进课堂听课，有时是给青年教师培训、说课……这位老人始终践行着"让生命与使命同行"的铮铮誓言。

她密切关注着中国教育的变化与发展，倾力写下《岁月如歌》《卓越教师第一课》《语文的尊严》《于漪知行录》等超百万字著作。2018年，《于漪文集》六卷本正式出版，这是我国基础教育领域首部特级教师全集。

退休后的于漪也始终在为育人事业继续贡献。当教育功利化现象愈演愈烈，家长忙于带孩子参加各种各样的校外补习班，学校只盯着升学率的时候，她呼吁教育界应"教在今天，想在明天"。

于漪认为中国教育必须有自己的话语权。她多次撰文说，任何国家的教育，特别是基础教育必须传承本民族的优秀文化，弘扬民族精神，培养为本民族、本国建设服务的人才。眼光向内，不是排斥国外，而是立足于本国，以我为主。

她臂膀单薄，一直挺着教师的脊梁。"当我把自己的生命和国家命运、人民幸福联系在一起的时候，我就觉得我永远是有力量的，永远是年轻的。"于漪说。

# 人民教育家

## 卫兴华

卫兴华，男，汉族，中共党员，1925年10月生，山西五台人，中国人民大学经济学系原主任、教授，曾任国务院学位委员会经济学科评议组成员。他是我国著名经济学家和经济学教育家，长期从事《资本论》研究，为马克思主义政治经济学中国化作出重要贡献，主编的《政治经济学原理》教材是全国影响力和发行量最大的教材之一。他提出的商品经济论、生产力多要素论等，在经济学界影响广泛。荣获孙冶方经济科学奖第一、二届论文奖。

# 卫兴华：立学为民、治学报国

"不唯上、不唯书、不唯风、不唯众"，不做"风派理论家"——这就是中国人民大学荣誉一级教授、博士生导师、中国著名马克思主义经济学家卫兴华。

卫兴华从事马克思主义经济学和社会主义经济理论的教学和研究工作已经60余年，在我国经济学界地位和学术影响力非同一般。

1925年，卫兴华出生在山西省五台县的一个农民家庭。小学时，老师给他取名"卫显贵"，希望他将来荣华富贵。从小目睹日军暴行的他，在读中学补习班时，把名字改为"卫兴华"，立志抗击日寇、振兴中华。

1946年，卫兴华参加了党的地下工作，1947年在解放区正式入党。后被捕入狱。他在狱中严守党的秘密，出狱后转到北平继续从事地下工作。此后，卫兴华先后在华北大学和中国人民大学学习，1952年中国人民大学政治经济学教研室研究生毕业后留校任教至今。

在长期的理论研究工作中，卫兴华提出了诸多前瞻性的理论观点：较早提出社会主义商品经济理论，较早系统研究和论述了社会主义经济运行机制理论，较先提出非公有制经济是社会主义市场经济的组成部分……

卫兴华始终认为，自己的研究工作要与国家的需要结合起来。

他运用马克思主义经济理论分析现实经济生活中的问题。20世纪50年代，他运用马克思主义的地租理论，分析初级农业合作社的地租形态和土地报酬问题；运用马克思主义的价值规律理论，分析我国的价格体系、按质论价等问题。改革开放后，他转向对社会主义经济理论与实践问题的研究，并系统研究中国特色社会主义政治经济学问题。

中国人民大学副校长、经济学院教授刘元春说，卫兴华老师的著述并非只停留在对马克思主义经典著作的解读上，更重要的是紧扣时代脉搏，运用马克思主义政治经济学的基本原理研究现实问题，推进马克思主义政治经济学的中国化、时代化。

60余年来，卫兴华笔耕不辍，发表《中国特色社会主义经济理论体系研究》等文章1000多篇，出版《走进马克思经济学殿堂》等著作40多部，成为中国最多产的经济学家之一。他主编的《政治经济学原理》教材是全国影响力和发行量最大的教材之一。

这位马克思主义经济学中国化的奠基人之一，于2013年获得世界马克思经济学奖。

如何让马克思主义经济学的精髓传承下去，是卫兴华做学问的一项重要使命。

在多年教学中，他坚持教书和育人相结合。他认为，对马克思主义经济学的教学和阐释，要结合国内外的经济社会实际，让学生们真正认识到马克思主义经济学的科学性，且具备与时俱进的品格。

2015年底，卫兴华获吴玉章终身成就奖，他把100万元奖金无偿捐赠，用于支持马克思主义政治经济学的教学研究、人才培养及优秀成果奖励。

如今，已九十多岁高龄的卫兴华虽病痛缠身，但仍坚守在教学一线，担任博士生导师，每天坚持学习、工作。

中央财经大学教师何召鹏是卫兴华的学生。他告诉记者，跟随卫老读博士期间，卫老已接近90岁高龄，依然坚持每隔一到两周上一次专题讨论课，一讲就是2、3个小时。"即使卧病在床，他也坚持工作。他把我叫到床边探讨学问、写论文，让我拿着笔和纸，他来说，我来记。"

在卫兴华二儿子卫宏的记忆中，父亲除了上课就在自己的书房待着。"学生登门和他探讨问题时，他最随和。"

卫兴华卧室床头柜边，有张黑白照片，这是当年他从事党的地下革命工作时与两位同事的合影，他一直保存到现在。

"当时参与地下革命的很多同志都牺牲了。我活了下来，就要用全部的精力去做一个学者应该做的事，为祖国建设奉献力量。"卫兴华说，"我还在燃烧！"

刘元春表示，立学为民、治学报国的精神在卫兴华身上体现得淋漓尽致。"卫老与时俱进的创新品格，持之以恒、脚踏实地、日复一日的奋进精神，值得新一代学者传承。"

"为学当如金字塔，要能博大要能高。"卫兴华这样冀望年轻学人。

# 人民教育家

# 高铭暄

高铭暄,男,汉族,中共党员,1928年5月生,浙江玉环人,中国人民大学法学院教授,中国刑法学研究会名誉会长。他是当代著名法学家和法学教育家,新中国刑法学的主要奠基者和开拓者。作为唯一全程参与新中国第一部刑法制定的学者、新中国第一位刑法学博导、改革开放后第一部法学学术专著的撰写者和第一部统编刑法学教科书的主编者,为我国刑法学的人才培养与科学研究作出重大贡献。

# 高铭暄：情系刑法的"人民教育家"

新中国成立 70 周年前夕，在人民大会堂，91 岁的高铭暄被授予"人民教育家"国家荣誉称号。

面对这至高荣誉，这位著名法学家和法学教育家说："这是党和国家给我的恩典，我感到幸福和光荣。这要归功于我们伟大的祖国、伟大的党和一直帮助支持我的中国人民大学及师生。"

作为新中国刑法学的主要奠基者和开拓者，中国人民大学法学院教授高铭暄全程参与了新中国第一部刑法的制定，为中国刑法学的人才培养与科学研究作出重大贡献。

1954 年对于 26 岁的高铭暄来说是不平凡的一年。当年 9 月，我国第一部宪法诞生，刑法的起草工作随之被提上日程。刚刚在人大法律系留校任教不久的高铭暄被抽调至刑法起草小组，和其他 20 多人一起开始我国第一部刑法的起草工作。

从 1954 年到 1979 年，历经 25 年、38 稿，在历史跌宕中，高铭暄全程参与并见证了我国第一部刑法典的诞生：刑法起草小组从国内外广泛收集资料，仅新中国成立以来的刑事审判材料就有 1 万多份，苏联、保加利亚、阿尔巴尼亚、美国、德国、法国、日本等多国的刑法典被一一翻译，连《唐律》《清律》都摆上了案头。"一方面借鉴，一方面还要自己总结经验，作为刑法起草的参考。"高铭暄回忆说。

1979 年 7 月 1 日，刑法草案在人民大会堂表决通过，掌声雷动。回想起当时的场景，高铭暄激动地说："我们的劳动没有白费，中国终于拥有了自己的刑法典，刑事诉讼终于有法可依了！"

此后数十年间，无论是《中华人民共和国刑法（修订）》出台，还是对刑法修正案的反复讨论，高铭暄都参与其中，付出心血。他还多年在中国法学会、中国刑法学研究会、国际刑法学协会等担任重要职务，从事大量与法律相关的社会工作。

作为"刑法学泰斗"，高铭暄最珍视的还是那三尺讲台。他总说："我就是一名普通教师，既然选择了教书育人，就矢志不渝。"

多年来，高铭暄为学生教授中国刑法、刑事政策与刑事立法、刑法前沿问题等课程。1984年，他成为我国刑法学专业的首位博士生导师。

"全国优秀教师""全国师德先进个人"……从教半生，高铭暄获得不少荣誉，对教育事业始终钟爱如一。他先后培养出80多名法学硕士、博士及博士后，其中许多人成为知名法学教授、法院院长和律师，为推进我国法制建设、法律人才培养作出贡献。

教学之余，高铭暄笔耕不辍，共主编7部有关刑法学的教材，著有8部专著，主编或参与著述100多部，发表论文300余篇。尤其是他主编的《刑法学》教材荣获国家级优秀教材一等奖和司法部优秀教材一等奖，成为刑法学专业学生的必读书目。他编著的《中华人民共和国刑法的孕育和诞生》等，也填补了新中国法学发展史研究的空白。

如今，尽管已眉发花白，"90后"的高铭暄依旧精神矍铄。他还在指导3名博士生，忙着写文章、做法律咨询和讲座，闲暇时还在微信朋友圈"打卡"学英语。"只要身体可以，我就要继续做工作、提升自己，活到老学到老。"他笑着说。

在高铭暄看来，时代发展日新月异，新的规范条例不断出台，法律工作者需要加紧学习，才能应对新问题、新挑战，不落后于时代。特别是人工智能、知识产权、极端犯罪、生态环境等新领域更需要加强学习和研究。

高铭暄也致力于中国刑法的国际化，盼望着中国刑法走向世界。他说：

"我们要让外国人知道中国的刑法很系统、很完备，有不少好经验。同时也要了解其他国家的经验，促进交流。"

2019年10月1日，高铭暄受邀参加新中国成立70周年庆典观礼。当回忆起70年前作为北京大学学生队伍中的一员见证开国大典时的情景，他感慨道："新中国一路走来很不容易，国家翻天覆地的巨变，足以让每个中国人感到自豪。"

而日益完善的中国刑法也让高铭暄感到欣喜："随着国家进步、民主法制水平提升，我们的刑法一直在发展、进步，法律条文越来越符合实际，更具体、更有针对性，可操作性也越来越强。"

"我所做的一切，就是希望推动法治中国建设，保障国家安全、社会稳定，让人民权利得到保障，让犯罪分子得到应有的制裁。"回顾一生的奋斗历程，高铭暄依然充满"老骥伏枥，志在千里"的豪情，"今后我还要继续做好本职工作，和法学界同仁一道，努力推动法学体系不断发展完善，为我国法学的发展作出新的贡献！"

# 勋章
## 共和国不会忘记

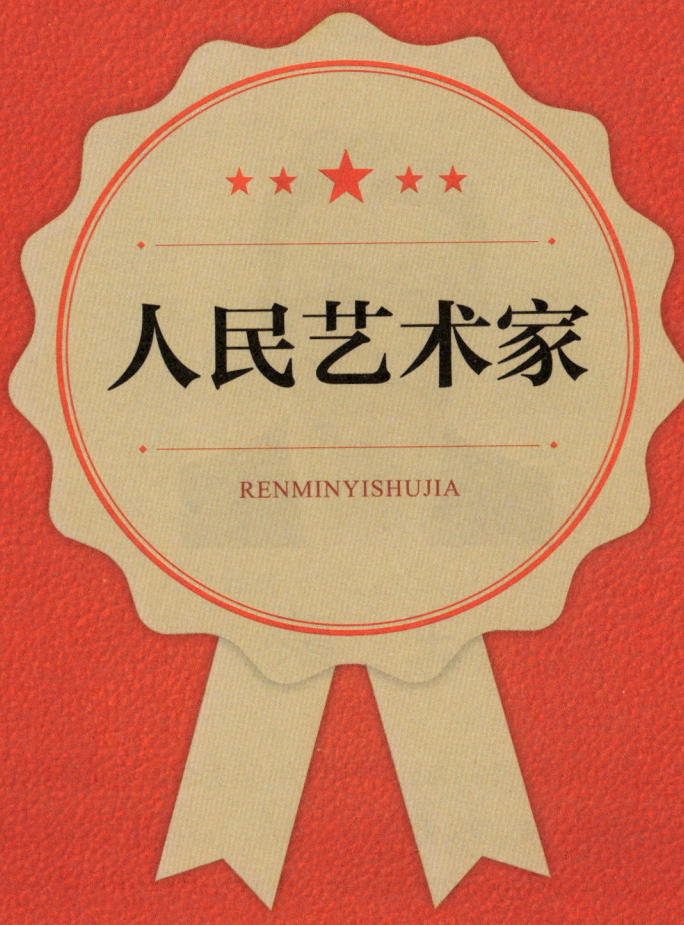

# 人民艺术家

# 王　蒙

　　王蒙，男，汉族，中共党员，1934年10月生，河北南皮人，中国作家协会名誉副主席，原文化部部长，第八、九、十届全国政协委员。他作为与共和国共同成长的文学创作者，见证了中国当代文学的发展之路。其作品《青春万岁》《组织部新来的青年人》《活动变人形》《这边风景》等具有代表性和开拓性意义，被译成二十多种文字在各国出版。发掘培养了一大批优秀青年作家，为中国当代文学繁荣发展作出突出贡献。荣获第九届茅盾文学奖、全国优秀短篇小说奖。

# 王蒙：始终跃动"少年布尔什维克"初心

"人民艺术家"王蒙——一位与新中国共同成长起来的作家，见证了中国当代文学的发展之路。他以辉煌的创作实绩和多方面的工作，参与并推动了中国文学事业的繁荣和中国特色社会主义文化事业的发展。

从少年到耄耋，从中学生党员到新中国的文化部长，那颗"少年布尔什维克"的初心始终在王蒙的胸中跃动。

## 与新中国共同成长

1948年，年仅14岁的王蒙加入了中国共产党，以一名"少年布尔什维克"的身份参加革命活动。

"新中国成立对我的意义非常大，那是完全进入一个新的时代和世界。我亲眼看见旧中国和旧社会是怎样分崩离析的，到处是危机，百姓没法生活下去。"

王蒙激动地说，新中国像朝阳一样，有诸多的可能性和期待；在革命战争胜利凯歌声中建立起来，社会焕然一新。

"新中国的成立、发展、建设是我一生的经历，也是创作的主题，我是见证者也是参与者。新中国的命运也是我的命运，她的辉煌成绩我分享了，她的曲折和坎坷我也有经验。"

王蒙的文学创作与新中国的行进步履紧紧相连。

·勋章· 共和国不会忘记

2013年4月15日，当代著名作家王蒙在香港发表"我的文学人生"主题演讲，与到场的50多位嘉宾分享自己60年的精彩文学人生。（新华社记者吕小炜摄）

从20世纪50年代的《青春万岁》《组织部新来的青年人》，到改革开放后的《蝴蝶》《布礼》《活动变人形》等，到进入新世纪后的《这边风景》及"季节"系列长篇小说……王蒙始终敏锐地捕捉着时代的脉搏，关注现实、反映现实。他的作品清晰描绘了新中国半个多世纪的社会生活变迁，深刻剖析人们的内心世界。

在67年的文学创作历程中，王蒙创作了1800多万字文学作品，出版近百部小说、散文、诗歌和学术著作，作品被译成20多种文字在国际上出版，获得过茅盾文学奖等国家级文学大奖和多项国际性文学大奖，显示了中国当代文学的创作高度。

### 热情澎湃地书写时代、书写生活

王蒙的文学创作横跨中国当代文学史的各个时期，与时代、现实相呼应：

1953年，王蒙以长篇小说《青春万岁》开启了自己的创作生涯，刻画了新中国新一代青年人积极明朗、热情洋溢的精神风貌；

1956年，发表短篇小说《组织部新来的青年人》，显示出他对现实问题的关切和思考，以及在选材立意上的新意和勇气；

依托20世纪六七十年代在新疆生活劳动的丰富经历，王蒙创作的长篇小说《这边风景》生动表现了多民族共同生活的火热图景，并于2015年获第九届茅盾文学奖；

20世纪八九十年代，小说《表姐》《布礼》《蝴蝶》《杂色》等，显示出王蒙对历史与人生的回顾和思考，在新时期之初的文学图景中十分具有代表性。

此外，王蒙在文学创作的艺术手法上不断创新探索。《春之声》《夜的眼》等被认为是中国当代"意识流"小说的代表性作品；《来劲》等作品以戏谑夸张的叙述风格，显示出极富勇气的创新激情。

"王蒙既是中国当代主流文学思潮的引领人物，也是中国当代文坛的一面镜子。"有人这样评价。

谈及自己取得的文学成就，王蒙认为主要在于自己广泛的兴趣爱好以及丰富的人生阅历。

"我的兴趣广泛，热情持久，对各个阶段的各种情况都有浓厚的关注。我的少年、青年时代赶上革命成功和新中国成立，这给我的人生奠定了光明的底色，即使我日后遇到了一些曲折和挑战，也始终热情澎湃地书写时代、书写生活。"王蒙说。

### 为国家、民族和历史创造更多新时代经典

在任职《人民文学》主编、中国作协副主席、文化部部长期间，王蒙

关注文学发展、鼓励艺术创新,发掘和扶助了一大批优秀的青年作家。其人生经历、精神状态、探索活力和情操品行,也影响和感染了后辈作家。

"曾经有一篇被编辑否定掉的稿子,我看了觉得不错,就让它'起死回生',给发表出来了。"王蒙回忆说,这篇作品的发表影响了作者的一生,他从此走上了文学的道路。

对于当下越来越多的年轻人选择手机浏览的现象,王蒙相信,人们终将会重新燃起对书本阅读的热情,这要求文学作品拥有经典、深刻、永恒的价值,要经得起时间和历史的考验。

2013年5月21日,在新疆第八届"天山读书节"启动仪式上,作家王蒙携新书《这边风景》与读者见面,并向读者讲述创作过程。(新华社记者王菲摄)

"网络上有大量写得很好、引起读者兴趣的书,但是仍然显得追求数量,比较平面化。"

在王蒙看来,新中国的历史经验、光辉成绩和痛苦探索无与伦比。"这样的时代应该留下文学代表的杰作、经典,应该有更多深刻的作品出现,有成就更大的作家出现，有对这段历史的更多的咀嚼、消化、记忆和加工出现。我相信会有这样更好的作品和作家。"

王蒙希望，青年作家们能以最高标准摆脱畅销市场的诱惑，为国家、民族和历史创造新时代的经典。

如今，高龄的王蒙依旧笔耕不辍，接连发表了《生死恋》《邮事》《地中海幻想曲》和《美丽的帽子》等多部小说。作为中央文史馆馆员，他还承担比较文学、古典文学等研究工作。

"我希望能多写一点，一直写下去。"王蒙说。

# 人民艺术家

## 秦　怡

秦怡，女，汉族，中共党员，1922年1月生，上海市人，上海电影集团有限公司艺委会顾问、一级演员，第三、四、五届全国政协委员。她坚持文艺为社会主义服务、以人民为中心的创作导向，主演了《铁道游击队》《青春之歌》《女篮五号》等30多部影片，塑造了多个脍炙人口的艺术形象。荣获"全国五一劳动奖章""全国优秀共产党员"等称号。

# 秦怡：中国银幕不老的"青春之歌"

2019年国庆前夕，正在沪上医院疗养的著名电影表演艺术家秦怡梳妆齐整，端坐在轮椅上，聚精会神观看电视直播。这一天是9月29日，北京人民大会堂正在举行中华人民共和国国家勋章和国家荣誉称号颁授仪式。

尽管因身体原因，无法赴京参加仪式，但97岁的秦怡始终打足精神，要在病房里见证这庄严一刻。"国家给这么高的荣誉，很激动，感受很多，很想流泪……"被授予"人民艺术家"国家荣誉称号之际，她这样表达心情。

### 为人民讴歌，她满腔赤诚，演"活"了女英雄

1922年出生的秦怡，16岁开启舞台生涯，25岁走上大银幕。

在中国影坛，秦怡是公认的德艺双馨艺术家。在她80余年的艺术生涯中，塑造了众多栩栩如生的艺术形象。特别是新中国成立以来，她先后主演了《农家乐》《铁道游击队》《女篮五号》《青春之歌》《摩雅傣》《海外赤子》等数十部影片。

青春年少时，秦怡就经受抗战烽火洗礼，从上海家中辗转到中国南方各地，再到重庆，她以实际行动支持抗战。在重庆，她很快加入到由中国共产党领导的左翼文艺工作中。

"解放了，我们终于可以好好演戏、演电影了！"这是1949年迎接新中国诞生时秦怡发自心底的呐喊。

秦怡年轻时的照片。（新华社发，上海电影集团提供）

在回顾自己的艺术生涯时，她感慨："我90多岁了，经历了国家发展的不同阶段，更加觉得幸福来之不易，更加要不断学习，为人民讴歌，拍好电影就是为人民服务。"

她这样回忆自己塑造、打磨过的角色——在《铁道游击队》剧组学习"怎么扔手榴弹"，一个动作要重复十七八遍，趴在土坡上，要跟男演员一样吃苦耐劳；在拍《摩雅傣》时，与少数民族群众同吃同住，仅是学习如何驯马，就花了很大力气。

最令秦怡难忘的角色之一是在电影《青春之歌》中扮演的视死如归的共产党员林红。

图为张瑞芳（左一）、秦怡（左二）在上海县马桥公社深入生活时，和社员一起劳动。（新华社资料照片）

"林红是我扮演的共产党人中最美的一个，这不是说形象好看，而是用精神和信念去打动观众。"她曾深情回忆。

## 人在，戏在，九旬高龄登上青藏高原拍新片

"拍戏的人没有季节，零下30摄氏度也可以穿着单衣，还扇扇子。零上40摄氏度，也可以穿着棉衣，围着围巾。严冬腊月往河里跳，酷暑也要往火里钻。可是无论吃多少苦，每当一段样片出来时，大家抢着看自己在片子里是否有不足之处。"

这是秦怡在2009年上影成立60周年大会上的一段激情演讲，台下几代电影人不禁热泪盈眶。

"人在，戏在！"2014年，九旬高龄的秦怡登上青藏高原，拍摄她字斟句酌的电影剧本《青海湖畔》。从筹备到开拍，她自编自演，全程亲力亲为。

与秦怡老师拍对手戏的演员佟瑞欣说,片中气象科学工作者梅欣怡爱岗敬业,寄托了秦怡老师对工作和生活的无比热爱。

对待表演艺术,秦怡永远充满着激情。她说:"无论是痛苦还是欢乐,我总要以满腔激情去拥抱事业,这是一支我永远唱不尽的歌。"

### 大爱无垠,从小家走向大家

在医院疗养期间,秦怡把国家荣誉称号证书和奖章放置在最醒目位置。此前入院时,她还带上了早年她与丈夫金焰的合影。

秦怡以她对小家和大家的爱,来诠释自己的人生品格。她曾经数十年如一日,悉心照料患有重症的儿子,即使丈夫去世、心灵屡受打击,她坚持以柔弱的肩膀挑起家庭重担。

而当社会上一方有难,秦怡又一次次毫不犹豫地伸出援手。很多影迷记得,2008年汶川大地震后,秦怡拿出自己绝大部分积蓄,先后捐出20余万元,支援灾区重建。她不顾医生反对,在做完腰椎手术后不久就前往都江堰参加上海援建小学的开学典礼。玉树地震后,她又捐款3万元。

据估算,近年来,她累计向各个方面捐款超过60万元,而这对屡遭家庭变故的秦怡来说并不是一笔小数目。

她还一直关心中国电影"走出去",不仅支持上海举办国际电影节,还曾发起并筹资主办"上海中外无声影片展"等活动。她与世界多国电影艺术家建立友谊。比如,秦怡比日本演员栗原小卷年长20多岁,但两人一见如故,结下忘年交。

"她的身上饱含着精神力量,给人以心灵启迪。她塑造的角色拓宽了人们对中国电影的认知,照见了人们对世间真善美的渴望。"上海电影集团党委书记、董事长任仲伦说。

# 人民艺术家

## 郭兰英

  郭兰英，女，汉族，中共党员，1930年12月生，山西平遥人，中国歌剧舞剧院一级演员，第一、二、三、五、六届全国人大代表。她为中国民族歌剧表演体系的建立和民族演唱艺术的发展作出开拓性贡献。新中国成立后，塑造了《白毛女》中的喜儿、《小二黑结婚》中的小芹等众多光彩夺目的舞台艺术形象。她演唱的《我的祖国》《南泥湾》《人说山西好风光》《八月十五月儿明》等脍炙人口的歌曲，历经半个多世纪传唱至今。

# 郭兰英：为人民歌唱

不久前，在一个网络问答社区上，有人提了这样一个问题——"新中国成立70年来，有没有一首歌让你听了就热泪盈眶？"近一万五千个回答中，排名第一的是《我的祖国》。

这首歌的原唱郭兰英，曾演唱过无数经典旋律，也创造了许多舞台艺术形象。2019年9月17日，郭兰英被授予"人民艺术家"国家荣誉称号，并于9月29日在北京人民大会堂参加了中华人民共和国国家勋章和国家荣誉称号颁授仪式。

## "我"和《我的祖国》

提起《我的祖国》，90岁的郭兰英，眼中依然闪烁着热情的光芒。

"大家都喜欢这首歌，主要是词作者乔羽、曲作者刘炽他们写得好。"看到如今年轻人在街边也会跟着旋律哼唱起来，郭兰英很开心。当人们表达起对这首歌和演唱者的喜爱时，郭兰英还是将这份真挚动人的情感归功于词曲作者。

1956年，这首由乔羽作词、刘炽作曲，为电影《上甘岭》而做的插曲，在郭兰英的传唱中红遍大江南北，成为触动每一个中国人的"生命之歌"。

"当时拿到这首歌，我一唱就特别喜欢。"郭兰英说，此后，唱过多少遍《我的祖国》，她早已记不清了。但每次唱起这首歌的时候，都忍不住热泪盈眶，"因为它有一颗人民群众的心。"

人民艺术家

1958年5月，在陕西西安市演出的中央实验歌剧院著名演员郭兰英为街头市民演唱《小二黑结婚》选曲。（新华社资料照片）

在这首歌中，她最喜欢的是这一段词："好山好水好地方，条条大路都宽畅。朋友来了有好酒，若是那豺狼来了，迎接它的有猎枪。"

"这首歌完全代表了我的内心，没有祖国就没有我郭兰英。"她说。

## 民族新歌剧的领军者

郭兰英的作品，像《我的祖国》一样被传唱的，还有许许多多。她的艺术生涯，始终与国家的命运紧密相连。

郭兰英出生于山西平遥，这里是山西梆子的发源地之一。耳濡目染下，她从小就对戏曲产生兴趣，6岁时开始学唱山西中路梆子，先后演出过《李三娘挑水》《二度梅》等一百多部传统戏，在戏曲表演方面初露头角。

1946年，郭兰英离开戏曲团，参加华北联大文工团，从事新歌剧事业。

## 勋章·共和国不会忘记

郭兰英像。（新华社发）

新中国成立后，郭兰英先后在中央戏剧学院附属歌舞剧院、中央实验歌剧院、中国歌剧舞剧院任主要演员。

她主演的新歌剧《白毛女》《刘胡兰》《春雷》《小二黑结婚》等，创造了喜儿、刘胡兰、小芹等许多扎根群众的生动艺术形象，受到百姓的欢迎。她也成为中国新歌剧方面代表性的人物之一，为中国新歌剧表演体系的建立和民歌演唱艺术的发展做出了开拓性的贡献。

郭兰英演唱的《南泥湾》《绣金匾》《人说山西好风光》等歌曲和歌剧唱段，高亢嘹亮的音色和饱满的情感触动着每一个中华儿女，成为传唱至今的经典。

"让我平平淡淡地唱一首歌，我唱不了。"郭兰英说，每个人唱歌都有自己的特点，每首歌都有感情在其中。心系人民、讴歌时代是她一直以来不变的信念和热情。

### 永远有一颗为人民歌唱的心

1982年，郭兰英投入到音乐教育事业中。1986年，郭兰英离开北京南下广东，在广州番禺创办了郭兰英艺术学校并担任校长。从此她在这里扎下根，一待就是30多年，为艺术界培养了一届届优秀的学生。

如今，年过九旬的郭兰英，依然精力十足地为艺术事业而奔波。除了为艺术学校的学生上课之外,也会经常指点从事音乐的青年艺术工作者们。不久前的深圳音乐季大师公开课上,郭兰英还从发音、吐字、呼气、换气等方面,一字一句为学员点评示范。

身为"人民艺术家",郭兰英对自己的要求是"只有一颗心,处处为人民"。她说:"我现在年纪大了,腿脚不好,唱歌也上不去了,但为国家好、为人民好的事,我还要主动去做。"

# 勋章
## 共和国不会忘记

GONGHEGUO
BUHUIWANGJI

# 《 人民英雄 》

## 艾热提·马木提

艾热提·马木提，男，维吾尔族，中共党员，1969年10月生，2016年9月去世，新疆皮山人，新疆维吾尔自治区和田地区皮山县公安局原副局长。从警27年始终战斗在基层一线，紧紧围绕社会稳定和长治久安总目标，充分发挥反恐处突实战经验丰富的优势，事事冲锋在前，带领公安干警成功侦破一系列案件。2016年9月在搜捕公安部A级逃犯时遇自杀式爆炸袭击，身负重伤，经全力抢救无效，壮烈牺牲。他以大无畏的牺牲精神诠释了一名人民警察忠诚于党、忠诚于人民的铮铮誓言。荣获"全国公安系统一级英雄模范"称号。

# 艾热提·马木提：
# 牺牲在反恐一线的"人民英雄"

在新疆警史馆展厅，一尊身着警服的人民警察半身塑像让前来参观的人们肃然起敬。它纪念的是用生命守护一方安宁、牺牲在反恐一线的"人民英雄"艾热提·马木提。

艾热提·马木提1969年10月出生，新疆皮山县人。他于1989年7月从新疆人民警察学校（现新疆警察学院）毕业后，回到家乡参加公安工作，1994年5月加入中国共产党，历任皮山县公安局城镇派出所民警、所长，科克铁热克派出所所长，皮山县公安局党委委员、副局长等职。

参加公安工作后，艾热提·马木提心中始终铭记入警誓词，忠实履行人民警察职责，政治立场坚定、作风勇敢顽强、工作认真负责。

与艾热提·马木提共事13年的皮山县公安局干警木塔里甫·麦麦提每当回忆起他，都由衷钦佩和怀念："我是他带出来的，他什么工作都带头干、总是冲在最前面，处处以身作则，对案件处理公平公正，对后辈既爱护又耐心教导。"

2013年，在执行一次抓捕任务时，艾热提·马木提带领民警一同进入暴恐分子藏匿的房间。他对角落里的一个柜子产生了警觉，急忙提醒大家："不要动！"但此时柜门已被一名民警拉开。就在暴恐分子气急败坏跳出柜门挥刀砍向这名民警时，艾热提·马木提果断开枪将其击毙。

"对敌人打得要狠，对人民群众爱得要真。"这是艾热提·马木提常说的话。

2015年7月3日9时07分，皮山县发生6.5级地震，科克铁热克乡

4000余间房屋倒塌,群众损失惨重。艾热提·马木提的家就在科克铁热克乡,他顾不上回家看一眼就主动请缨,第一时间参加救灾。地震当天,他带领民警从废墟中搜救出 20 余名群众,疏散群众 5000 余人次,抢救群众财物价值 10 余万元。救灾工作告一段落后,他回到家中,看到妻子玛依努尔·尼扎木丁正带着 3 个孩子清理自家受损房屋,只能满怀愧疚地对妻子说:"是我不好,让你受累了。"

从警以来,艾热提·马木提 13 次被评为优秀公务员、先进个人、优秀党员,荣立个人二等功 1 次、个人三等功 5 次,2010 年被自治区公安厅评为"全疆人民满意派出所所长"。

2016 年 9 月 10 日,艾热提·马木提带队抓捕藏匿于皮山县一个村庄荒地的公安部 A 级通缉令通缉在逃人员、制爆团伙头目阿某。就在他和民警收紧"口袋"把暴恐分子围困在一处灌木丛地洞准备擒获时,走投无路的暴恐分子突然发起自杀式袭击。"隐蔽!"艾热提·马木提大喝一声,同时拔枪射击。随着爆炸声响起,艾热提·马木提应声倒地,血流满面,虽经当地医院尽力抢救,终因伤势过重,不幸壮烈牺牲,年仅 47 岁。

就在一天前,艾热提·马木提临出家门还对妻子说,平时聚少离多,等忙完这次任务他就和全家人好好团聚。

谁也没想到,这一走,竟是永别!

艾热提·马木提牺牲的消息传开后,他生前工作过的科克铁热克乡和皮山县城各族群众自发赶来参加葬礼,送他最后一程。

2017 年 1 月 24 日,公安部追授艾热提·马木提"全国公安系统一级英雄模范"荣誉称号。2019 年 9 月 29 日,在中华人民共和国国家勋章和国家荣誉称号颁授仪式上,艾热提·马木提作为全国公安民警代表,被授予"人民英雄"国家荣誉称号。

2018 年,艾热提·马木提的大女儿古丽米热·艾热提大学毕业后继承了父亲遗志,成为家乡的一名人民警察。

# 《 人民英雄 》

## 申亮亮

　　申亮亮，男，汉族，中共党员，1987年8月生，2016年6月去世，河南温县人，原65307部队70分队班长。他从军报国信念坚定，军事技能训练刻苦，熟练掌握连属主战装备，精通运输车、瞄杆钻车、挖掘装载机等装备操作，成为"一专多能"型骨干，入选集团军"百名专业技术能手"人才库。2016年5月赴马里执行第四批维和任务，在执行任务中遭遇恐怖袭击，果断指挥战友向目标射击，在汽车炸弹爆炸瞬间将战友推离，用自己的生命换回了部队其他人员的平安，被评为烈士并追记一等功。

# 申亮亮：不能忘却的维和英雄

2019年9月29日，北京人民大会堂，申天国、杨秋花夫妇手捧"人民英雄"国家荣誉称号奖章，代表牺牲在维和战场的儿子申亮亮接受国家礼遇。

申亮亮生前是第78集团军某工程防化旅机动保障营上士，2005年从河南省温县入伍。

2016年5月18日，申亮亮赴马里执行第四批维和任务。马里当地时间5月31日20时50分许，他与战友司崇昶共同担负维和营区2号门岗执勤警戒任务时，一辆不明地方车辆高速冲向营门。

申亮亮当即向作战值班室报告，拉响警报通知营区做好防护，同时果断指挥司崇昶向目标开枪射击，并在爆炸瞬间将司崇昶推离岗楼。他本有时间和机会隐蔽，但他置个人安危于度外，始终坚守哨位履行职责，为阻止汽车炸弹冲入营区而壮烈牺牲，年仅29岁。

2016年6月，申亮亮被马里共和国授予战士十字勋章；2017年5月，被联合国授予达格·哈马舍尔德勋章……

"亮亮是部队的英雄，更是我们村的英雄，我们应该记住英雄的名字。"温县西南王村小学校长张文科说。

2016年秋，西南王村新修3条水泥路，其中一条从申亮亮家门前通过。村里征求村民意见给这3条路命名，张文科建议以申亮亮的名字命名，结果一呼百应。

申亮亮被授予"人民英雄"国家荣誉称号后的第二天，第78集团军党委号召所属部队官兵向申亮亮学习。

如今在申亮亮生前所在旅，申亮亮的"身影"在营院里更是随处可见：所在连队每天晚点名，第一个呼点申亮亮，全连官兵答到；新兵入营的第一堂课是崇尚英雄，老兵退伍的最后一课是告慰英雄……

"亮亮，你离开3年了，我们一直在继承你的遗志奋力前行！"2019年5月31日，在旅"申亮亮纪念厅"开馆仪式上，一份特殊的成绩单放在烈士遗像前。那是一张红色的"英雄榜"，榜上365个精兵故事，告慰英雄在天之灵。

旅助理员卞龙在"5·31"马里恐袭时距离汽车炸弹仅30米，身体受重伤。回国后，他毅然坚守在战斗岗位。2019年5月，他再次踏上赴马里维和征程。

回忆英雄离开的岁月，32岁的上士司崇昶情不自禁落下泪来。恐怖袭击后，他被评为一级伤残，本没有明确的工作任务，可他每天都去训练场担任教练员，耐心地给战友传授经验技巧。5月中旬，在陆军"工程奇兵-2019"比武竞赛中，他的好几位"徒弟"取得优异成绩。

2019年，申亮亮生前所在旅作为工兵分队赴马里执行第7批维和任务，100多名队员中执行过维和任务的队员就有48人，其中3次参与过维和任务的有13人。

# 人民英雄

## 麦贤得

麦贤得，男，汉族，中共党员，1945年12月生，广东饶平人，原91708部队副司令员。1965年"八六"海战中，他在弹片插在头部、脑浆外露、鲜血模糊双眼的情况下，坚持战斗3个小时，凭着惊人的战斗意志和过硬的素质本领，在几台机器、几十条管路、几百个螺丝里，检查出一个只有拇指大的被震松的油阀螺丝，成功排除故障，确保了机器正常运转和舰艇安全。他的英勇战斗事迹被媒体广泛报道，在全社会引起巨大反响，被誉为"钢铁战士"。荣立一等功，荣获"八一勋章"和"战斗英雄""全国自强模范"等称号。

# 麦贤得：意志坚强、不怕牺牲的钢铁战士

18岁那年，麦贤得参军入伍，成为一名光荣的人民海军战士。

1965年"八六"海战中，时任南海舰队某水警区611艇机电兵的麦贤得，在头部中弹、脑浆外溢、神志半昏迷的情况下，坚持战斗长达3个小时，与全体参战官兵一起，击沉来犯国民党军舰"章江"号，被誉为"钢铁战士"，成为全国学习的模范。1966年2月23日，国防部授予他"战斗英雄"荣誉称号，共青团中央授予他"模范共青团员"称号。

1965年8月6日凌晨，福建漳州东山岛附近海面，隆隆炮声响彻海天，我人民海军护卫艇群正集中火力攻击来犯国民党军小型猎潜舰"章江"号，新中国成立后规模最大的一次海战正式打响。

战斗中，参战611艇后左主机突然意外停车，艇上机电兵麦贤得立即跑去帮助启动机器。

就在此时，敌人的2颗炮弹打进机舱，一发落在前机舱，另一发落在后机舱。巨响过后，正在机舱的麦贤得顿时觉得头部一阵剧痛，一块高温弹片打进他右前额、一直插到左侧靠近太阳穴的额叶里。他顿时失去知觉，感到天旋地转，全身无力地倒了下去……

所有人没有想到的是，经过简单包扎的麦贤得又以惊人的毅力站了起来，但眼睛怎么也睁不开，因为鲜血和脑浆已粘住了他的眼角睫毛。

此时，麦贤得依稀觉得前机舱的轰鸣声似乎减弱了，心里判断：很可能是前机舱的机器也被炮弹打坏了。他一步一步摸索走向前机舱，跌倒了就爬，过舱洞就钻。就这样，他在黑暗中坚强地回到了自己的战位。

· 勋章 · 共和国不会忘记

原91708部队副部队长麦贤得,是意志坚强、不怕牺牲的"钢铁战士"(新华社记者金立旺摄)

麦贤得一颗颗螺丝、一个个阀门、一条条管道地检查。最后，他在几十条管路、数千颗螺丝里，检查出一颗拇指大小、被震松的油阀螺丝。麦贤得用扳手将螺丝拧紧，并用身子顶住移位的波箱、用双手狠狠压住杠杆，使损坏的推进器复原，保证了机器正常运转和舰艇安全。

战斗胜利了，麦贤得却倒下了。

麦贤得的伤情紧急，党和国家领导人救治他的心情更急。经过4次脑手术，麦贤得脑颅中的弹片终于被取出。手术成功了，英雄得救了！

1967年12月，在北京人民大会堂，毛主席、周总理接见了麦贤得等4000多名海军代表。随后，毛主席又在人民大会堂小会客厅单独接见了麦贤得。

2007年，麦贤得退休后，很多人都劝他好好休息、颐养天年，但他始终感恩党和人民给了他第二次生命，坚持不忘初心、继续奉献。

钟情书法的他，一直把自己写的"精忠报国"4个字摆在案头勉励自己，平时写得最多的则是"永做小小螺丝钉"。

麦贤得如此写，也是如此做的。他积极发挥余热，每年都主动或应邀参加军地各种公益活动，到部队、学校、企业、厂矿进行革命传统教育。

麦贤得还受邀担任多所大、中、小学校的校外辅导员，多次到广州番禺名智小学、汕头市东厦小学、汕头市外马路第三小学、汕头大学等学校对青少年进行爱国主义教育。为让自己的母校——广东省饶平县浮北镇浮北小学学生有书读、读好书，麦贤得省吃俭用，筹资购买书柜、桌椅和各种各样的书籍，创建了浮北小学"英雄图书馆"，而且每个暑假都会定期为小学生进行爱国主义教育。

如今，当年的钢铁战士麦贤得已年过七旬，白发苍苍，可他那军人的脊梁，依然是那样刚强、挺拔……

# 人民英雄

## 张　超

　　张超，男，汉族，中共党员，1986年8月生，2016年4月去世，湖南岳阳人，92950部队原飞行中队长。2015年3月，他加入舰载机部队，在很短的时间内掌握了舰载战斗机操纵特点和舰载飞行要领，飞行技战术水平得到跨越式提升。2016年4月，执行任务时突遇空中险情，他果断处置，尽最大努力保住战机，被迫跳伞，不幸壮烈牺牲，年仅29岁。被追授为"逐梦海天的强军先锋""全国优秀共产党员"等称号，被中央军委批准为全军挂像英模。

# 张超：逐梦海天的强军先锋

如鹰击长空，似飞鲨蹈海……

夏日的渤海湾畔，巨大的轰鸣声中，一架架歼—15舰载机风驰电掣，频繁起降。

然而，这火热的一幕，那位年轻的飞行员却再也看不到了：

2016年4月27日，在驾驶战机进行陆基模拟着舰训练时，飞机突发电传故障，危急关头，他果断处置，尽最大努力挽救战机，推杆无效、被迫跳伞，坠地后受重伤，经抢救无效壮烈牺牲，年仅29岁。

碧海丹心，他把闪亮的青春定格茫茫大海；

蓝天忠魂，他把血染的风采洒向万里长空。

魂系深蓝海天间，人民海军航母舰载机事业的丰碑上将永远铭刻下他的名字——

张超，男，1986年8月出生，湖南岳阳人，海军某舰载航空兵部队正营职中队长，海军少校军衔，一级飞行员。

## 海天魂

2016年4月27日，张超加入舰载航空兵部队的第90个飞行日。再有3个飞行日，他就能完成剩下的训练任务，顺利上舰。

"舰"，指的是我国第一艘航空母舰辽宁舰。只有在航母上完成起降飞行训练，取得上舰资格认证，才能成为一名真正的航母舰载战斗机飞行员。

那一天，按照计划，张超和战友们要飞3个架次的低空、超低空训练——在数十米的高度高速掠海飞行，是常人难以想象的惊险。

2016年1月27日，海军某舰载航空兵部队一级飞行员张超（新华社发）

第2架次飞完，海面上薄雾渐起，能见度越来越差，第3架次被调整为陆基模拟着舰训练。这是舰载战斗机飞行员的必修课。

起飞，拉升，转弯……按着舰的所有技术动作和要求触"舰"；加速，复飞……一个架次，飞行员们通常要重复6圈这样的飞行，每一圈又被称作一个"进近"。

12时59分，张超驾驶117号歼—15飞机进入着"舰"航线，实施他飞行生涯中的第634个"进近"。

"对中很好。""高度有点高。"无线电中，着舰指挥员王亮发出的2条指令清晰传来。指令少，说明着陆的偏差小。

跑道上的中心相机，把战机着陆的画面实时传到飞行员休息室。

"挺好！""真棒！"……战友们议论着，张超的着舰飞行技术一直很出色。

117号战机的高度低了，又低了，后轮触地、前轮触地、滑行……那片被称作"黑区"的模拟航母飞行甲板上，又叠上了3道漆黑的轮胎擦痕。

那是当天飞行训练的最后一次降落。在飞行部队，这或许是最让人放松的时刻了。飞行员们在休息室里说笑着，等着张超回来一起转场。

塔台下的一间办公室内，某舰载航空兵部队部队长戴明盟、参谋长张叶正在商议第二天的飞行计划。

渤海湾畔，那个乍暖还寒的中午，一切看上去都是那么正常而平静……

然而，战机刚刚滑行了2秒钟，无线电里突然传来语音报警："117电传故障，检查操纵故障信号！"

电传故障，是歼—15飞机最高等级的故障，一旦发生，系统会自动报警，并在无线电中广播；一旦发生，意味着飞机失去控制。

那一刻，是12时59分11.6秒。

塔台、着舰指挥工作站、飞行员休息室……所有人的心都揪了起来。

紧跟着报警声，战机的机头一下子抬了起来，在不到2秒钟的时间内，机体与地面接近垂直！

"跳伞！跳伞！跳伞！"飞行指挥员徐爱平对着无线电大喊。

几乎同时，火箭弹射座椅穿破座舱盖，"呼"的一声射向空中……

那一刻，是12时59分16秒。

戴明盟、张叶马上往外冲，朝着张超落地的方向一路狂奔。

近了，近了……还剩20多米的时候，戴明盟看到张超的胳膊动了一下，他稍微松了一口气：人活着，就好，就好。

由于弹射高度太低，角度不好，主伞无法打开，座椅也没有分离，从空中重重落下，在草地上砸出一道深深的痕迹。

戴明盟、张叶马上给张超解开氧气面罩，摘下头盔，锯断伞绳。张超脸色发青，嘴角有血迹，表情十分痛苦，但仍有意识。

"左胳膊疼，可能是骨折……"他说。

救护人员赶到了,张超被紧急送往医院。

20多分钟的路程,张叶从未觉得如此漫长。

"我是不是要死了,再也飞不了了……"张叶没想到,这句话竟成了张超最后的告别。

2016年4月27日15时08分,一颗年轻的心脏永远停止了跳动。

彩超检查显示,在巨大的撞击中,腹腔内脏击穿张超的胸膈肌,全部挤进了胸腔,心脏、肝脏、脾、肺严重受损。医生说,那么重的伤,能坚持到医院已是奇迹。

片子拿给戴明盟,这位经历过多次空中突发险情的英雄试飞员却没有勇气看上一眼,久久沉默不语的他找到一个没人的房间,让眼泪肆意流淌……

自从1992年父亲去世,这个刚强的汉子已经20多年没有哭过。

"飞参记录表明,从战机报警到跳伞离机的4.4秒里,张超的动作是全力推杆到底。"戴明盟说,张超肯定知道,歼—15飞机系统高度集成,发生电传故障,第一时间跳伞才是最佳选择。

生死关头,张超却做出了一个"最不应该"的选择……

那奋力一推,是他意图制止机头上仰,避免战机损毁的最后努力。

心爱的战机,那早已与他的灵魂融为一体的战机,在张超的心里,比生命更重要……

### 海天梦

加入舰载航空兵部队之前,张超是"海空卫士"王伟生前所在部队的一名中队长。

在那个椰树婆娑、温暖湿润的南国海岛上,不管是改装歼—8飞机,还是改装新型国产三代战机,张超都是同批飞行员中第一个放单飞的。时任歼—8改装大队大队长的郭占军说:"张超的飞行技术,是同龄飞行员中最优秀的。"

2014年5月,海军向西沙永兴岛派驻新型三代战机,这是该型战机的首次前沿部署。那一天,一架外军飞机实施抵近侦察,张超奉命战斗起飞。他寸步不让,与外军飞机斗智斗勇,成功将其驱离。

在海天之间飞行的日子里,张超总是梦想飞向更远的大洋。

随着我国第一艘航空母舰辽宁舰入列超过2年,战斗力建设迫在眉睫,海军在三代机部队破例选拔舰载战斗机飞行员。

得知消息后,张超第一个报名申请。

此时,他已飞过6种机型,单位正准备提升他为副大队长。

此时,选择舰载飞行,意味着一切从零开始,也意味着更大的风险。而家属刚刚随军、孩子不满一岁的张超,最需要的是生活、工作稳定。

与张超谈话时,考官戴明盟第一个问题就是:"舰载机飞行是世界上公认的最危险的飞行,你愿不愿意来?"

"我知道危险,但就是想来。"张超语气中流露出的坚定与果敢,戴明盟记忆犹新。

2015年3月14日,迎着初春的海风,张超如愿走进位于渤海湾畔的部队营区,开始了飞向航母的航程。

张超是名"插班生"——同班的飞行员2013年就开始了学习训练,而他,要在1年内赶上战友们2年多的训练量。

"如果他能做到,说明新的训练方案是可行的,将大大加快人民海军航母舰载战斗机飞行员培训进程。"戴明盟说。

与陆基飞行相比,舰载飞行面临的最大难题是着舰有效区域仅长36米、宽25米,必须把调整飞行的战机着陆误差控制在前后不超过12米、左右不超过2米,才能使飞机尾钩顺利挂住阻拦索,实现安全着舰。

张超的校园时光（新华社资料照片）

飞行员需要通过数百次的陆基模拟起降训练，才能熟练掌握。

伴随着绰号"飞鲨"的歼—15飞机阵阵轰鸣，年轻的张超开启了"加力模式"：

加入舰载战斗机部队6个月时，他追平了训练进度；10个月时，他第一次驾驶歼—15飞机飞上蓝天。所有的课目考核成绩，都是优等。

"张超进步快，是因为他特别用心。"一级飞行员丁阳记得，有一天，飞完教练机，张超有个疑问，先是在餐厅和他讨论了半个小时，觉得还不清楚，吃完晚饭又跟着到宿舍，一直讨论到十一点半才离开。

可丁阳刚躺下，张超又来敲门了，笑呵呵地说着抱歉，"有个问题想不通，睡不着"。两个人站在门口，直到把问题弄清楚，张超才满意地回屋休息。

那些日子里，和张超同宿舍的艾群记得，每次飞行结束，不管飞得好坏，张超听完教员对自己的讲评，总会跑去"蹭"战友们的讲评，用来检查对照自己。

在某舰载航空兵部队战斗的 411 天里，张超起降数量是其他部队战斗机飞行员年均水平的 5 倍以上。

"他的技术状态非常稳定，上舰指日可待。"战友们都这样说。

然而，就在上舰飞行的梦想即将实现的时候，张超却走了。

### 海天祭

2016 年 4 月，张超牺牲前，妻子张亚曾想来部队看看他。

张超到舰载航空兵部队一年多了，还没让张亚来过。每次张亚提出要来，他总说，"等我上完舰。舰载战斗机飞行员只有真正驾机在航母上起降了，才算得上是舰载战斗机飞行员。"

仿佛是一种巧合，4 月 27 日，张亚买好了第二天的火车票，跟张超约好，先去沈阳看朋友，再趁"五一"假期来部队看他。

那天晚上，张超平日里很准时的"平安"电话却迟迟没有来，张亚打了好多个过去也没人接。她有些心慌，往常只要白天飞行，张超都会打电话报平安。

但无论如何，张亚也没想到，挚爱海天飞行的丈夫已经走了。

初到舰载航空兵部队时，张亚曾问过张超有没有把握，张超说："很简单，一定没问题。"

"虽然我知道很多事故，但是一直都认为他不会有事。"张亚说，"张超特别自信，我也特别相信他，他技术好是公认的。"

她没想到，这一次，张超"辜负"了她的信任。

4 月 29 日早上，张亚终于见到了日思夜想的丈夫——

她喊他名字，他再也听不到了；她吻他嘴唇，却是那么冰冷……

她跪在灵前，自责着："是不是我要来，影响你飞行了？"

她跪在灵前，哭泣着："我应该任性一些，早点来看你……"

她剪下一绺头发，装在张超胸前的衣袋里："这辈子我们很短，下辈子我还嫁给你。"

张超的心愿，张亚一直记在心里——

张超最大的心愿就是上航母，现在她想替他去一次，如果不方便，能不能让战友们带着他的照片去。

张亚不知道的是，原定在2016年5月初进行的上舰资格认证，其中一项内容就是安排家属给飞行员献花，她本就在邀请之列，只是还没等到通知她的时候，张超就走了。

如今，这份邀约依然有效。

张超的心愿，战友们一直记在心里——

他们说，张超虽然不在了，但他永远是舰载航空兵部队的一员。

张超的电脑里，保存着一份歼—15飞机实际使用武器的教学法，不长，只有3000多字。

牺牲前，他结合自己实际使用武器的经验，利用20多天的休息时间，加班加点整理，不清楚、不确定的地方就打电话回老部队反复核实。

"他总是那么严谨，不会告诉别人没把握的东西。"某舰载航空兵部队战斗机团副团长孙宝嵩说，那次，他问了张超一个关于某型国产三代战机的问题，张超先是查资料口头告诉他，担心表述不准又整理成文字，过了两天，又专门找到孙宝嵩，指出了其中几处错误。

张超走后，大家利用他整理出的200多份视频资料、2万多字的心得体会，对那份教学法进行补充完善。

"今后，每一个学习歼—15飞机武器使用的飞行员，都会记住张超的名字。"孙宝嵩说。

张超的心愿，战友们一直记在心里——

张超牺牲前，累计飞行时间达到了一级飞行员的标准，相关请示文件也已经上报。

但由于工作流程的原因，一级飞行等级证章还没发到他的手上，他牺牲时佩戴的还是二级飞行等级证章。

这件事，某舰载航空兵部队战斗机团参谋长徐英一直惦记着。追悼会的头一天，他专门赶到殡仪馆，摘下自己的一级飞行等级证章，轻轻地别在张超的胸前。

"我不能让他带着遗憾走。"徐英说，张超的证章，他会一直珍藏。

在写给张超的百行长诗里，徐英写道：你盼着成为一级飞行员／我的证章别在你的胸前／带着我的祝福我的牵绊／愿你在天堂里飞得更远……

张超走了，他的心愿，战友们一直记在心里——

6月16日，张超牺牲后的第50天。天气晴朗，微风，少云，天际线清晰可辨，适宜飞行。

那天，站在张超坠地后的那片草地上，面对全体飞行员，戴明盟的声音沉着而冷静：

"同志们，张超是为人民海军航母舰载机事业牺牲的第一位英烈，他既是一座精神丰碑，更是我们前进的路标。他时刻提醒我们，未来的考验还很多，要走的路还很长。但不管有多少未知，有多少风险，我们都将朝着既定目标勇敢前行！"

迎着无垠的海天，戴明盟第一个，张叶第二个，徐英第三个……滑行，加速，一架架"飞鲨"呼啸起航……

魂归海天，英雄不死！

# 〔 人民英雄 〕

## 张伯礼

　　张伯礼，男，汉族，中共党员，1948年2月生，河北宁晋人，天津中医药大学党委副书记、校长，中国工程院院士，第十一、十二、十三届全国人大代表。他长期致力于中医药现代化研究，奠定中医素质教育和国际教育的标准化工作基础，推动中医药事业传承创新发展。新冠肺炎疫情发生后，他主持研究制定中西医结合救治方案，指导中医药全过程介入新冠肺炎救治，取得显著成效，为疫情防控作出重大贡献。荣获国家科学技术进步奖一等奖和"全国优秀共产党员""全国先进工作者"等称号。

# 张伯礼：国医济世，德术并彰

古稀之年，出征武汉，身披"白甲"坚守中医药阵地；国医济世，德术并彰，无"胆"英雄宁负自己护人民。

他就是中国工程院院士、天津中医药大学校长张伯礼。2020年9月8日，在全国抗击新冠肺炎疫情表彰大会上，张伯礼被授予"人民英雄"国家荣誉称号。

"白甲十万，战'疫'三月酣。武汉生死皆好汉，数英雄独颜汗。"得知自己将被授予"人民英雄"国家荣誉称号，张伯礼填了一首词——《人民才英雄》。

2020年9月8日上午，全国抗击新冠肺炎疫情表彰大会在北京人民大会堂隆重举行。图为"人民英雄"国家荣誉称号获得者张伯礼。（新华社记者谢环驰摄）

这位"人民英雄"指导中医药全过程介入新冠肺炎救治，主持研究制定的中西医结合疗法成为此次抗"疫"亮点，为推动中医药事业传承、创新、发展作出了重大贡献。

## "无胆"英雄：与武汉市民肝胆相照

2020年1月27日，农历大年初三，正在天津指导疫情防控工作的张伯礼受命飞赴武汉，作为中央疫情防控指导组专家组成员投身抗"疫"最前线。在飞机上，72岁的老人写下"晓飞江城疾，疫茫伴心悌"的诗句。

分类管理、集中隔离、"中药漫灌"……初到武汉，张伯礼和专家组成员第一时间开出良方，有效控制了疫情蔓延。

"一定要有中医药阵地，有阵地，就能充分发挥中医药的独特优势。"张伯礼说。

张伯礼与同是中央指导组专家的刘清泉写下"请战书"，提出筹建一家以中医药综合治疗为主的方舱医院。2月12日，张伯礼率来自天津、江苏、湖南、陕西、河南等地的350余名医护人员组成中医医疗团队，进驻武汉市江夏方舱医院。

穿上写有"老张加油"的防护服，张伯礼在特殊的"中医药的阵地"

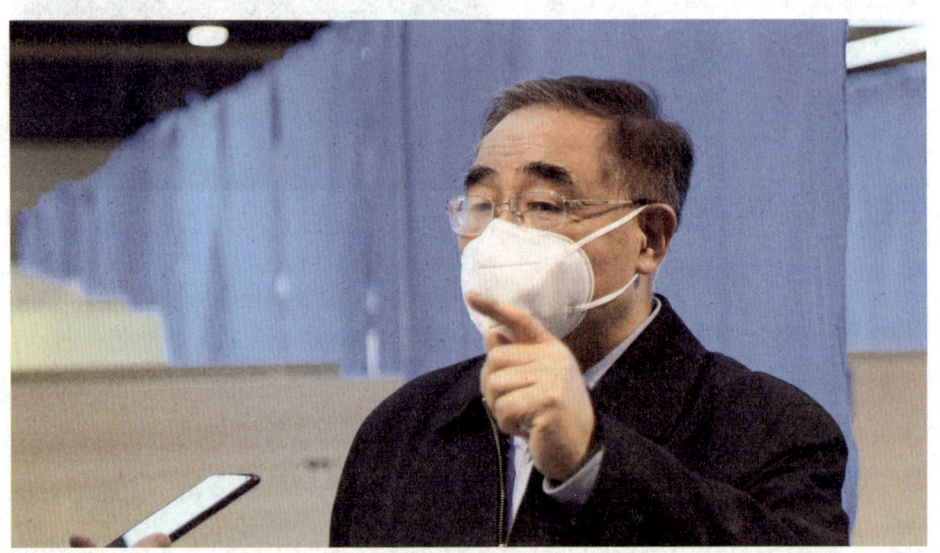

2020年2月14日，张伯礼在江夏方舱医院介绍情况。（新华社记者程敏摄）

上开始了"战斗"。问诊患者，看舌象、摸脉相，对症拟方……他白天指导临床会诊巡查病区，晚上召集会议研究治疗方案，有时一天只睡两三个小时。

超负荷的工作，张伯礼胆囊炎发作，2月19日接受了微创胆囊摘除手术。"这回我把胆留在了武汉，真的与武汉市民肝胆相照了。"他笑着调侃道。

手术后，医生要求他至少休息两个星期，张伯礼却说："多给点药，住院一个星期就行。"

在2020年全国中小学生的"开学第一课"上，张伯礼动情地说："中医把胆叫'胆腑'。胆者，'中正之官，决断出焉'。胆虽然没了，但做决断的勇气不能少。"

在这位"无胆英雄"推动下，中医药全过程介入新冠肺炎救治。武汉16家方舱医院累计收治患者超过1.2万人，每个方舱医院都配备了中医药专家，同步配送清肺排毒汤、宣肺败毒等方剂，中药使用率达90%。

截至3月10日休舱，江夏方舱医院总共收治的564名患者中无一例转为重症，无一例复阳。

### 坚守"仁心"："用最少的钱把病人治好"

在天津中医药大学2020级研究生开学典礼上，张伯礼表示，希望学生能够"贤以弘德、术以辅仁"。这是他从医的座右铭。

20世纪60年代末，医学院校毕业的张伯礼来到渤海之滨的一家乡村卫生院工作。在那里，他亲眼看到老中医用普通的中草药配方治疗病痛，并取得了较好疗效。他对中医药产生了浓厚的兴趣。

上中医班、跟师门诊、就读天津中医学院首届研究生……在学习中医的道路上，张伯礼稳扎稳打。

乡村卫生院的经历，让他真切感受到农村缺医少药的状况。那段岁月，

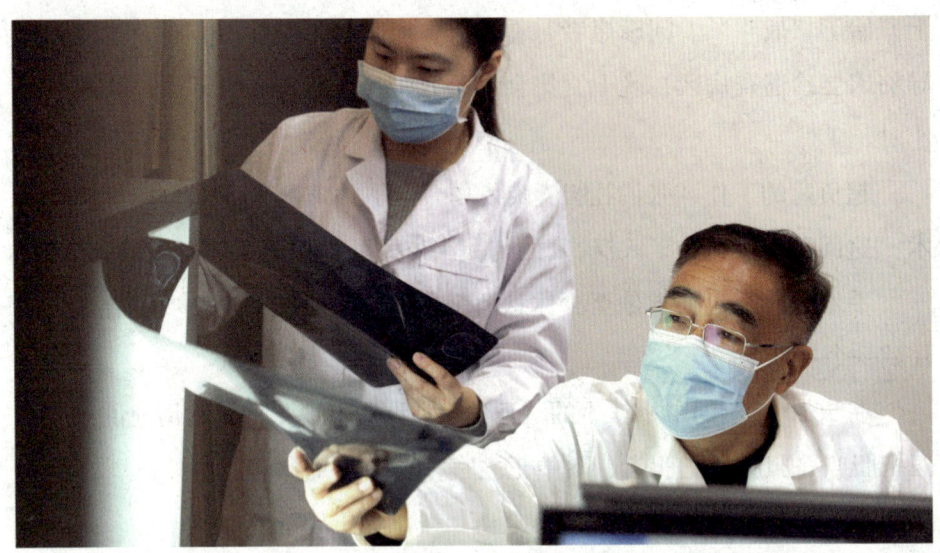

2020年10月5日,张伯礼在天津中医药大学附属保康医院坐诊。(新华社发　张立摄)

他整天脚踏自行车,背着大诊包,无论白天黑夜、刮风下雨,奔走在田间小路、海上渔船、建筑工地,积累了丰富的临床经验。

"用自己的医术救死扶伤,为患者解除病痛,我很有成就感;用最少的钱把病人治好,是我的职责和任务。"张伯礼说。

科技部中医药现代化研究专家组组长、中国工程院院士、天津中医药大学校长、中国中医科学院名誉院长、全国人大代表……职务越来越多,声名越来越高,张伯礼的医者仁心从未改变。

他先后捐出何梁何利奖、吴阶平医学奖、世界中医药贡献奖、岐黄贡献奖、树兰医学奖及各种科技进步奖奖金400余万元,在学校设立"勇搏"基金,奖励立志成才、品学兼优的学生,资助家庭经济困难的学生。

担任全国人大代表期间,他积极奔走,呼吁加快实施全科医生培养制度和在职人员培训,提高全科医生医疗水平和薪酬待遇。这正是缓解大医院就医压力、解决百姓看病难的关键所在。

他还十分关注基层医疗服务水平的提升,多年前就倡导和力推在基层卫生医疗机构建设"国医堂",让群众在基层享受到中医药服务。

### 苦练"内功":推动中医药造福人类

2020年9月8日,刚刚参加完全国抗击新冠肺炎疫情表彰大会的张伯礼在谈到中医药的发展时说:"中医药走出去还有很长的路。我们首先要做的是练好内功。"

发展大中药产业、推动设立中医药法、培育中医药人才……在推动中医药现代化、国际化的道路上,张伯礼步履不停。

"中医学虽然古老,但理念并不落后,落后的是技术。将中医药的理论优势与现代科技结合,就能发挥优势作用,取得原创性成果。"张伯礼认为。

2020年7月30日,张伯礼在天津科技工作者之家作专题报告。(新华社发 赵子硕摄)

2015年,张伯礼领衔完成的"中成药二次开发核心技术体系创研及其产业化"项目获得国家科技进步一等奖,为古老的中医药赋予了现代科技内涵。

"二次开发可以回答像六味地黄丸一样的中药,其药效物质是什么,留哪些东西,扔哪些东西,控制哪些东西。这些都要靠扎实的临床和基础研究。"张伯礼说。

他感到欣慰的是,在技术的助力下,中医药获得越来越多的国际认可。此次疫情期间,国家中医药管理局先后与意大利、德国、日本等几十个国家和地区交流中国的中医药诊疗方案、有效方药和临床经验。截至目前,连花清瘟胶囊已在加拿大、印度尼西亚、巴西等10多个国家和地区获得上市许可。张伯礼也曾在几十场海外连线中,分享中国抗疫经验。

"病毒没有国界,疫情不分种族,2020年人类有个共同的心愿,就是尽快战胜疫情。"张伯礼说。

# 《 人民英雄 》

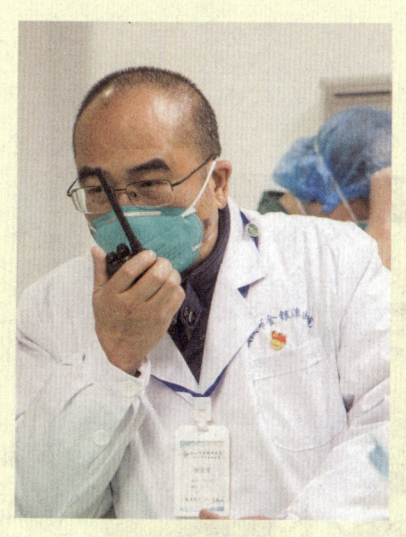

## 张 定 宇

　　张定宇，男，汉族，中共党员，1963年12月生，河南确山人，湖北省卫生健康委员会副主任、武汉市金银潭医院院长。他长期在医疗一线工作，曾带队赴汶川抗震救灾，多次参加国际医疗援助。2019年12月29日，在收治首批7名不明原因肺炎患者后，他立即组建隔离病区，率先采集样本开展病毒检测，组织动员遗体捐献，为确认新冠病毒赢得了时间，为开展新冠肺炎病理研究创造了条件。作为渐冻症患者，他冲锋在前，身先士卒，带领金银潭医院干部职工共救治2800余名新冠肺炎患者，为打赢湖北保卫战、武汉保卫战作出重大贡献。荣获"全国卫生健康系统新冠肺炎疫情防控工作先进个人"称号。

# 张定宇：追赶时间的人

2020年9月8日上午，全国抗击新冠肺炎疫情表彰大会在北京人民大会堂隆重举行。图为"人民英雄"国家荣誉称号获得者张定宇。（新华社记者谢环驰摄）

"我从没想过做英雄。是所有人一起做出了牺牲与贡献，而我仅仅是他们中的一分子。"面对"人民英雄"国家荣誉称号，张定宇这样说。

1963年出生的张定宇现任湖北省卫健委副主任、武汉市金银潭医院院长。2018年，他被确诊患上渐冻症，双腿日渐萎缩。

疫情暴发后，张定宇以"渐冻"之躯冲锋在前，拖着高低不平的脚步追赶时间，带领医院干部职工救治2800余名患者，其中不少为重症、危重症患者。

### 一快一慢的坚守,他与疫魔鏖战

位于武汉市三环边的金银潭医院是一家许多老武汉人都未必熟悉的传染病专科医院。2019年12月29日,随着首批不明原因肺炎患者转入金银潭医院,这里成为全民抗"疫"之战最早打响的地方。

"这个病毒和我们以前见到的都不一样,这是我一生中遇到的最大挑战。"时间拉回到岁末年初。"春节前后病人暴增,几乎每两天就要开一层楼。看着这个病区要收满了,另一个病区就要准备清理、消毒,工作量非常大,每个人都绷紧了弦。"张定宇说。由于此前已排查过各种常见病毒,首批病人转入后第二天,张定宇带领团队采集支气管肺泡灌洗液,并送往中科院武汉病毒研究所进行检测。

2020年1月23日,武汉落实党中央决策部署,关闭了离汉通道。城市放慢了脚步,与挽救生命有关的一切却在加速。

2020年1月27日,张定宇在武汉金银潭医院综合病区楼联系、协调工作。(新华社发 柯皓摄)

金银潭医院，每日灯火通明，彻夜忙碌，无人退缩。医护人员对生命的责任感，超越了对未知的恐惧。在各方支援来前，张定宇和同事在一线撑了近一个月，除了诊疗，他们还要照顾病人生活起居，清理医疗垃圾。防疫物资紧张的时候，今天用了，明天有没有还不知道。

"搞快点！搞快点！"在医院楼道里、病房里，大家常常听到张定宇的大嗓门。可伴随嗓门越来越大，他的脚步却越来越迟缓，跛行越来越严重。面对追问，张定宇终于承认说："我得了渐冻症。"这是一种罕见病症，慢慢会进展为全身肌肉萎缩和吞咽困难，直至呼吸衰竭。

张定宇的病情让不少同事感到惊讶。"他明明走得好快！"金银潭医院北7病区护士长贾春敏说。有一次，张定宇打电话让她5分钟内到达病区，"他从办公室到北7楼比我远，等我到的时候，他已经在那儿了。平时他

2020年1月29日，由于渐冻症的关系，张定宇爬起楼时十分不便。（新华社记者肖艺九摄）

老跟不上我们，但他拼的时候，我们跟不上他。"贾春敏说。

自己的身体，张定宇比谁都清楚，他在车后备厢里放了一根登山杖。最忙碌的那段时间，夜里回家的最后一段路，张定宇都要从后备厢取出登山杖，这个时候他不得不慢下来。

### 一远一近的取舍，他为生命守护

"我很幸运，自己病情发展不是那么快，所以我更加珍惜这份眷顾，尽可能多干一些工作，而我的工作就是救人。"回忆最难的日子，张定宇感慨道。但对家人，他觉得亏欠太多，就连妻子感染新冠肺炎住院，他也没能顾及。

"知道她确诊，我都懵了，心里很害怕。"张定宇说，那晚回家路上，他想到妻子可能会逐渐转化成重症、危重症，最后拉都拉不回来，眼泪就忍不住往下淌。

可即便有再多牵挂，张定宇还是选择在抗"疫"前线坚守。"我很内疚，我也许是个好医生，但不是个好丈夫。"

妻子入院3天后，晚上11点多，张定宇才赶紧跑去十多公里外的另一家医院探望，却陪了不到半小时。"看到他很疲惫，就催着他赶快回去休息。"张定宇妻子程琳回忆说，直到出院，那是丈夫唯一一次去医院陪她。

程琳很少给张定宇打电话，基本就是微信留言。"多是相互报个平安，他事情太多，一般都是两三个小时才回信息。"程琳说。

好在经过治疗后，程琳痊愈出院。出院后，多数时间是女儿在家照顾程琳，张定宇仍坚守一线。

张定宇一心扑在救治工作上。早上7点半，往往换班的医护人员还没到，张定宇就已经到了。"收病人、转病人、管病人，按道理有些事他可以不管，但他都会到现场亲自过问。"金银潭医院南三病区主任张丽说。

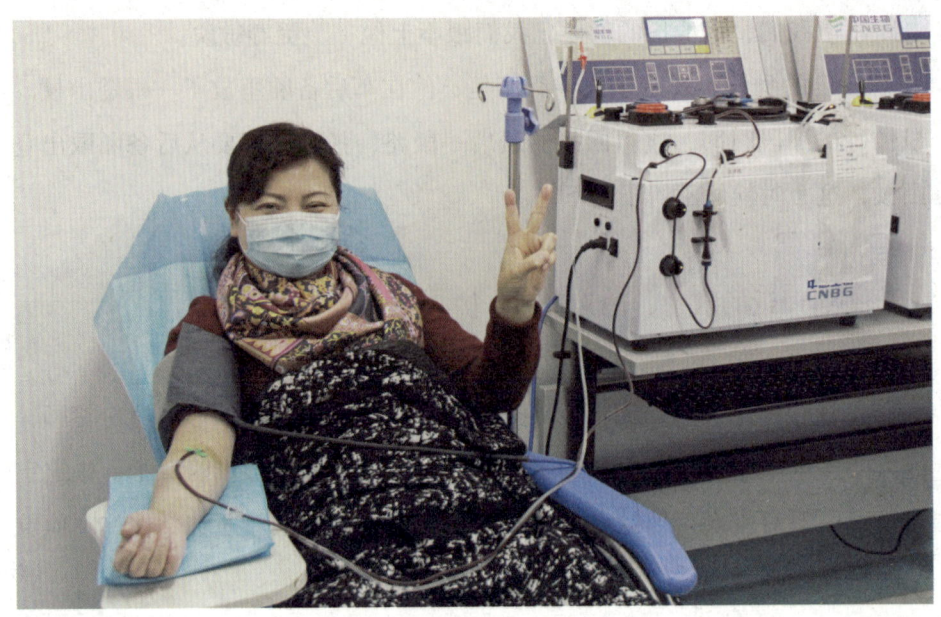

金银潭医院院长张定宇的妻子程琳在捐献血浆（2020年2月18日摄）。（新华社记者才扬摄）

"特别是早期收治的病人，所有手段都上了，还是拉不回来。看到不停有病人去世，就感觉很无助，很沮丧，内心很煎熬。"张定宇说。

在张定宇奔走呼吁下，不少新冠肺炎康复患者捐献了血浆，其中包括他的妻子，共同来帮助还在与病魔抗争的病人。

在国家法律政策允许下，张定宇等专家组织动员遗体捐献。在征得患者家属同意后，2020年2月16日凌晨3时许，全国第一例新冠肺炎遗体解剖工作在金银潭医院完成，并成功拿到新冠肺炎病理，为开展新冠肺炎病理研究创造了条件。

### 一深一浅的脚步，他与时间赛跑

"能用我的时间，换回别人更多的时间，没有遗憾了。"与疫魔竞速，张定宇却没时间去"珍惜"自己的身体。

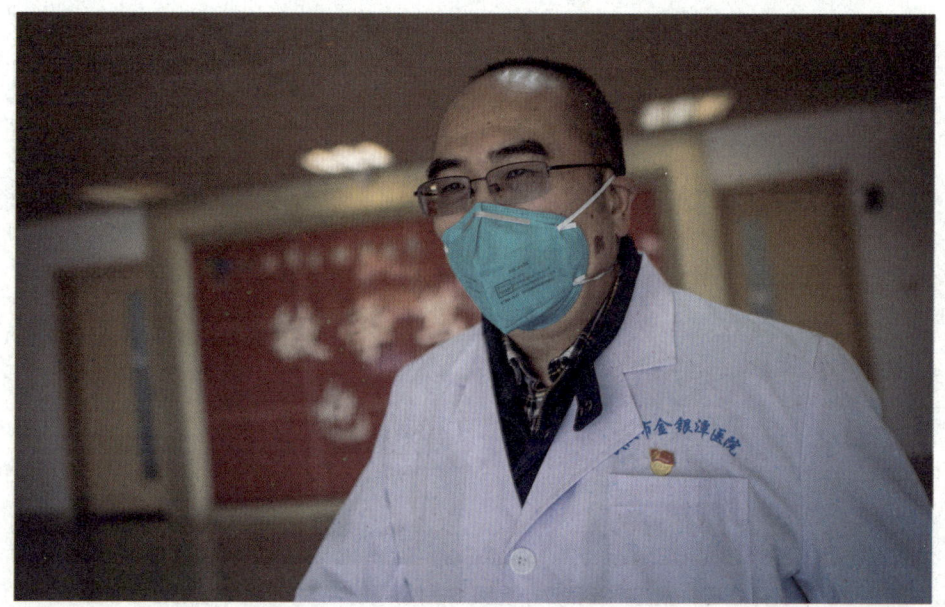

2020年1月29日，在武汉金银潭医院，张定宇在去病房的路上。（新华社记者肖艺九摄）

"他太累了，病情也加重了，原来左腿还能正常走路，现在也跛了。遇到天气降温，更是完全挪不开步子。"程琳说，有次降温，张定宇从停车场走到楼下电梯口，200多米走了15分钟。

张定宇淡然地说，既然拦不住时间流逝，那就让它更有意义。

翻看张定宇的履历：在疫情面前，他做出的每一个选择都绝非偶然。

从医30余年，每一次在患者和自己之间做选择，他都选择了以患者为先。

他曾随中国医疗队出征，援助阿尔及利亚；2011年除夕，作为湖北第一位"无国界医生"，出现在巴基斯坦西北的蒂默加拉医院；2008年5月14日，四川汶川地震后，他带领湖北省第三医疗队出现在重灾区什邡市……

共产党员、院长、医生，"无论哪个身份，在这非常时期、危急时刻，都没理由退半步，必须坚决顶上去！"张定宇说。

"能够工作是很幸福的，能够帮助到他人也是很幸福的。"张定宇说。

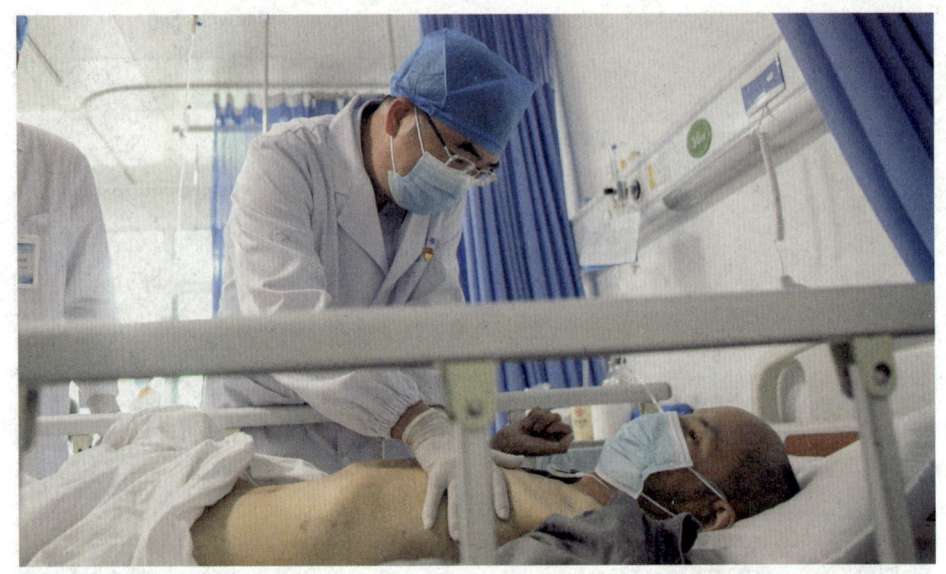

2020年9月3日,张定宇在武汉市金银潭医院病房查房。(新华社记者程敏摄)

他至今还穿着那身白大褂,踩着一深一浅的脚步,每天忙碌着出院患者的跟踪随访工作。

"每个人都在做一些牺牲,牺牲自己小小的自由,牺牲自己小小的利益,来抗击这场疫情。这时候特别能感受到祖国的强大。"他说。

# 人民英雄

## 陈　薇

　　陈薇，女，汉族，中共党员，1966年2月生，浙江兰溪人，军事科学院军事医学研究院生物工程研究所所长、研究员。第十二届全国人大代表，第十三届全国政协委员。她长期致力于生物危害防控研究，研制出我军首个SARS预防生物新药"重组人干扰素ω"、全球首个获批新药证书的埃博拉疫苗。新冠肺炎疫情发生后，她闻令即动，紧急奔赴武汉执行科研攻关和防控指导任务，在基础研究、疫苗、防护药物研发方面取得重大成果，为疫情防控作出重大贡献。荣获"全军防治非典先进个人""全国十大杰出青年"等称号。

# 陈薇：军人的使命，人民的坚盾

2020年9月8日上午，全国抗击新冠肺炎疫情表彰大会在北京人民大会堂隆重举行。图为"人民英雄"国家荣誉称号获得者陈薇。（新华社记者谢环驰摄）

"这是军人的使命，这份荣誉属于全国全军疫情防控科研攻关战线的所有同志！"2020年9月8日，在军事科学院召开的庆祝陈薇荣获"人民英雄"国家荣誉称号大会上，中国工程院院士、军事医学研究院生物工程研究所所长、研究员陈薇动情地说。

从研制出首个SARS预防生物新药"重组人干扰素ω"，到全球首个获批新药证书的埃博拉疫苗，再到为新冠肺炎疫情防控作出重要贡献……从军29载,陈薇潜心于生物危害防控研究,矢志为人民构筑起一道生物安全防护的坚盾。

**113天毅然坚守:"为武汉人民,我心甘情愿!"**

2020年1月26日,农历大年初二,陈薇奉命率领军事医学专家组紧急飞赴武汉。

"做最坏打算、最充分方案,准备最长期奋战。"面对防控初期武汉对核酸检测能力的应急需求,陈薇带领专家组一天之内就搭建起帐篷式移动检测实验室,应用军事医学研究院自主研发的检测试剂盒,迅速形成了日检1000人份的核酸检测能力,有效缓解了一线检测压力。

面对临床精确诊断难题,她迅速组织专家组综合病原学、免疫学、遗传学、空气动力学等多学科优势,快速建立了"核酸检测—抗体筛查—多

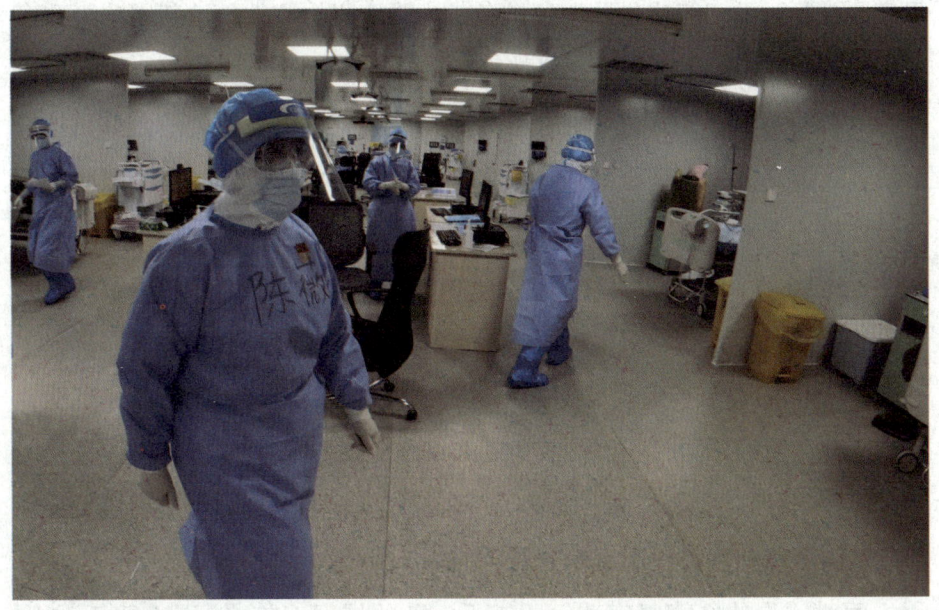

中国工程院院士陈薇(前)在武汉火神山医院重症ICU里紧张工作(2020年2月13日摄)。(新华社发 张振威摄)

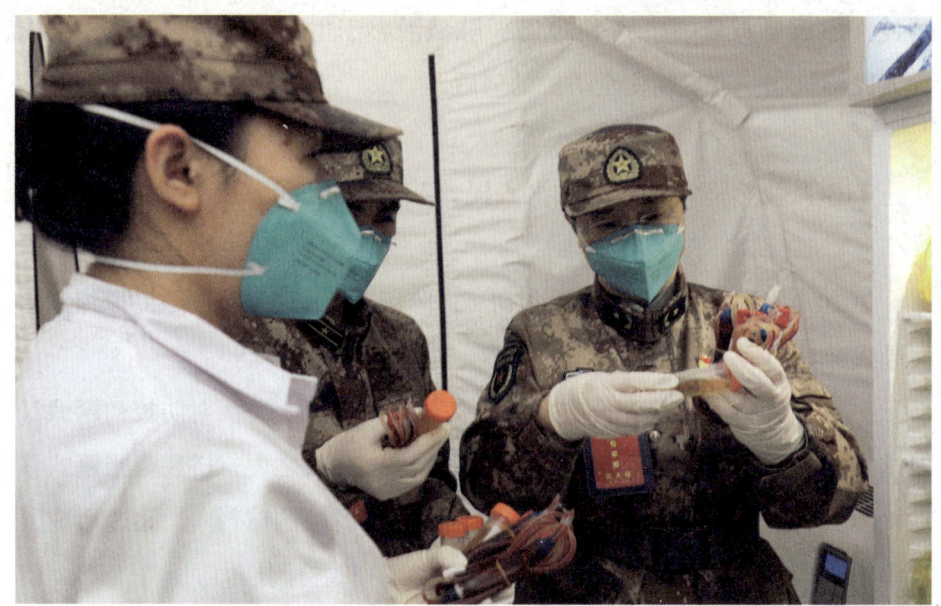

2020年3月26日,中国工程院院士陈薇(右)在搭建的负压帐篷实验室检查血清分离。(新华社发 张振威摄)

重病原检测"的"三步走"鉴定链条,为临床机构有效救治新冠病毒和多种病原体合并感染患者提供了科技支撑。

"除了胜利,别无选择!"在疫苗研发最吃紧的时刻,陈薇许下这份承诺。三天,五天……直到采集的血液样本出现免疫应答,整个团队悬着的心才放了下来。

3月16日,重组新冠疫苗启动Ⅰ期临床试验,成为首个进入临床研究阶段的新冠疫苗。

4月12日,疫苗启动Ⅱ期临床试验,再次领跑世界。临床结果证明,单针接种可使机体同时获得体液免疫和细胞免疫。

8月11日,疫苗获得中国发明专利授权……团队全力推进新冠特异性治疗抗体药物和改善后遗症生物新药的临床应用。

面对"为什么能坚守武汉113天?"的提问,陈薇沉默数秒后哽咽着说:"为武汉人民,我心甘情愿!"

## 29 载锲而不舍：国家生物安全防护的铸盾者

1991 年，陈薇从清华大学毕业，立志投身军事医学科研，专注于生物危害防控研究。

2003 年，"非典"疫情暴发。陈薇凭借多年的科研积累敏锐预判：正在研究的 ω 干扰素对此次变种变异性强的 SARS 冠状病毒有抑制作用。

她率领课题组冒着生命危险，进入生物安全负压实验室，每天一干就是八九个小时……最终，1.4 万名预防性使用"重组人干扰素 ω"喷鼻剂的医护人员，无一例感染。

汶川地震，担任卫生防疫组组长的她，一直奔波在余震不断的灾区一线，为确保大灾之后无大疫艰苦"战斗"。北京奥运，她参与奥运安保军队指挥小组，同时负责鸟巢等 20 多个奥运场馆的现场生防安保任务，为"平安奥运"作出贡献。

在一次次大战、大考中，陈薇带领团队不仅拿出了领跑世界的"硬核"

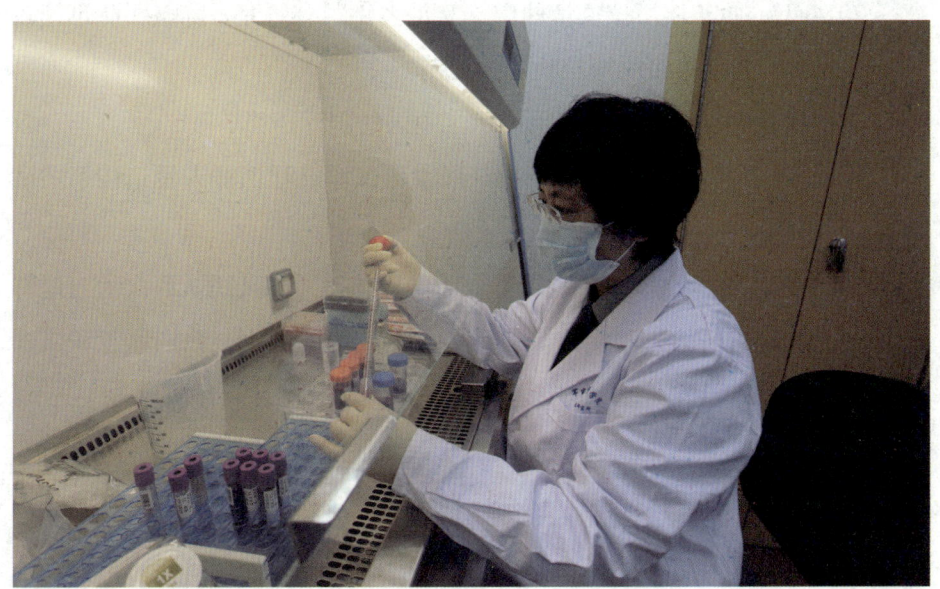

陈薇在实验室工作（2014 年 12 月 28 日摄）。（新华社发）

成果，更积累了核心关键能力。

她带出了国家"生物危害防控"重点领域创新团队，建立的关键设施和技术体系为应对今后可能出现的重大疫情奠定了基础。

"要成为为人民负重前行的人，为人民守护岁月静好的人。"这就是陈薇作为科学家的情怀。

### 无私赤诚的国际援助：向世界展示中国担当

"在病毒面前生命平等，与病毒的战争不分国界。"陈薇团队第一时间将研究成果向世界共享，为各国的疫苗研发助力。

这不是陈薇团队第一次以科研援助世界。

2006年，在大多数人还不知"埃博拉"为何物时，陈薇就对这个烈性病原体展开了前瞻性研究。她坚信："在生物危害防控的战场上，必须始终做有准备的人。"

2014年，西非埃博拉疫情肆虐。立足多年既有研究，陈薇团队迅速攻关，不久就研制出重组埃博拉病毒病疫苗。

这不仅是对世界的支援，也展示了中国的国际担当。

陈薇多次带领团队赴塞拉利昂开展临床试验，让西非人民记住了中国的友谊和中国的科技力量。

2018年，埃博拉病毒在刚果（金）再次暴发，陈薇团队再次为当地群众提供了来自中国的技术支持。"为了世界人民的健康，我们愿意积极参与国际援助，共同抗'疫'。"

### 甘为人梯的师者情怀：为了科研精神的赓续传承

"对所有学生一视同仁，永远鼓励创新，把最前沿的理念和信息给大家共享……"这是陈薇的学生和同事们对她的评价。为了培养更多的专业人才，她总是尽可能为学生们搭建平台、拓展空间。

因抗"疫"表现突出荣获"最美新时代革命军人"的军事医学研究院副研究员张晓鹏，回忆起19年前刚进实验室时的情形，依然历历在目。

作为导师的陈薇手把手教他做蛋白纯化实验，实验用的纯净水都是她自己搬到楼上。那时实验仪器没有现在先进，陈薇就带着他们一直守在仪器旁收集样品。

"导师的言传身教，让我走好了人生科研生涯的第一步，从那时起，细致、认真就刻在了我的骨头里。"张晓鹏说。

"我们团队有很多非生物专业出身，我本科所学专业就是自动化。"军事医学研究院助理研究员迟象阳说，"陈薇老师要求我们发挥专业交叉优势，独立思考，大胆用自己的专业特长解决问题。"

在武汉抗"疫"中，迟象阳被陈薇"点将"，仅用两天时间就将免疫学检测精密设备调试成功。后来，在陈薇的指导下，她展开的新冠病毒抗体研究取得重大突破。

"要像爱护自己的眼睛一样爱护学生，这是我作为导师的使命和职责。"陈薇说，"我希望他们到各个领域发展，成为对国家有用的人才。"

# 勋章
## 共和国不会忘记

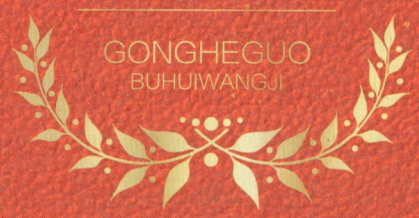

# 〘 人民楷模 〙

## 王文教

　　王文教，男，汉族，中共党员，1933 年 11 月生，福建南安人，原国家羽毛球队总教练，第五、六届全国政协委员。1954 年，他为振兴新中国羽毛球事业，从印尼回到祖国，曾多次获得全国羽毛球赛男子单打、双打冠军。退役后先后执教福建羽毛球队、国家羽毛球队，在他任总教练期间，中国羽毛球队获得了 1982、1986、1988、1990 年汤姆斯杯团体赛冠军，涌现出 56 个世界单项冠军。荣获国际羽联"终身成就奖"。

# 王文教：新中国羽毛球事业"拓荒者"

"我回国后与当时的全国冠军交手，打了他个 15∶0、15∶6。"被誉为新中国羽毛球事业"拓荒者"的王文教回忆道。差距如此悬殊，深深震撼了他，这促使当时年仅 20 岁的他下定决心离开印尼，回到祖国，为振兴祖国的羽毛球事业贡献力量。

当今的国际羽坛，中国队乃名副其实的主角。可在新中国成立之初，百废待兴，我国的羽毛球水平也处于起步阶段。祖籍福建南安的王文教 1933 年出生于印尼，20 世纪 50 年代初是印尼家喻户晓的羽毛球明星。1953 年，王文教随印尼体育观摩团参加了在天津举办的全国四项球类运动会，正是这次比赛，让他意识到了中国羽球与世界顶尖水平的巨大差距。

运动会结束后，王文教又随团赴沈阳、上海等多地参观，看到祖国上下热火朝天的建设景象，离开印尼、回归祖国的想法也悄悄地在他的心里生根、发芽。

可这又谈何容易！回国，意味着不仅要放弃优渥的生活条件和已经取得的荣誉地位，而且要与生活在印尼的亲人们分别。"我妈妈不同意，她说，你要回去受苦。我跟她讲现在有变化，新中国跟旧中国不一样，我母亲不信，结果我还是要回来。"

1954 年，王文教不顾印尼方面的阻拦和家人的反对，与搭档陈福寿等华侨青年一起，踏上了归国的旅程。为此，他们毅然签下了"永不回印尼"的保证书。

这一决定，不仅改变了王文教的命运，也让中国羽毛球迎来了加速发展的春天。

回国之后,国家体委以王文教、陈福寿等为主,在中央体育学院成立羽毛球班,王文教担任教练和队长。训练设施的不足和物质匮乏,起初让王文教有些不适应。当时北京没有合适的场地,他就带着队员们在天津基督教青年会的礼堂里训练。由于营养不够,王文教的腿部出现了浮肿。

"回来的时候需要粮票,没有粮票买不到东西。后来我妈妈知道我出现了浮肿,就寄了好多吃的给我。"王文教说,"当时我一回来,有6个月试用期,试用期间只有17块人民币,伙食费还要交9块,只剩下8块钱,后来我的自行车也都卖掉了。但这不算什么,因为我感觉年轻人怎么样都行,因为体育可以锻炼一个人的意志品质。"

1956年11月,福建省成立了我国第一支省级羽毛球队,随后上海、广东、天津、湖南、湖北等相继建队。两年后,随着中国羽毛球协会在武汉正式成立,全国已有20多个省、市成立羽毛球队。这些集训队伍均以王文教和陈福寿合写的有关羽毛球训练方法(后结集成书,名为《羽毛球》)为指导刻苦训练。在此期间,全国性比赛也开始密集举行。王文教等人带回的先进打法和理念,犹如一颗"火种"呈燎原之势,使羽毛球运动得到迅速推广和普及,运动员技战术水平也有了明显提高。

从20世纪60年代初开始,伤病缠身的王文教逐渐淡出比赛,专心当教练。王文教曾因为"海外背景"受到冲击,被下放到农村"改造"。直到1972年初,王文教从农村被调回北京,负责组建新的国家队。王文教重新回到钟爱的羽球世界,将国家队总教练的重担义无反顾地扛在肩上。

执教二十余载,王文教培养出一大批羽球人才:杨阳、赵剑华、李永波、田秉毅……可谓桃李满天下。在其执教期内,中国羽毛球队一共获得56个单打世界冠军和9个团体世界冠军。在这众多冠军中,让王文教印象最为深刻的是1982年率队参加在英国举行的汤姆斯杯,那也是1981年中国加入国际羽联后首次参加该项赛事。

"当时的决赛,我们第一天1∶3落后印尼,第二天打他们4∶1,总比分5∶4反败为胜。当时很自豪,感觉到我们能够为祖国争光,很不容易,而且当时是英国女王给我们发奖,就觉得中国人非常了不起。"

两年后,中国女队又首次在尤伯杯中折桂,并由此开启了五连冠的征程。

毫不夸张地说,王文教,就是中国羽毛球走向辉煌的奠基人,而"人民楷模"的称号正是对其几十年来心怀祖国、辛勤付出的最好褒奖。

在得知获得这一称号后,王文教说:"感谢祖国还惦记着我,这是我没有想到的,因为我年纪都大了,已经退休了。获得国家的认可我非常激动,前几天回到福建老家,乡亲们都说家里出了只'金凤凰'。"

如今的王文教,虽然离开国家队一线多年,但他的爱国情怀、为国争光的精神,仍激励着中国羽毛球队年轻一代,向着中国体育新的辉煌前进。

# 《 人民楷模 》

## 王有德

　　王有德，男，回族，中共党员，1953年9月生，宁夏灵武人，宁夏灵武白芨滩国家级自然保护区管理局原党委书记、局长，第十届全国人大代表。他带领职工大力推进防沙治沙，营造防风固沙林60万亩，控制流沙近百万亩，有效阻止毛乌素沙漠的南移和西扩，呈现出人进沙退的可喜局面。探索形成"宽林带、多网络、多树种、高密度、乔灌混交"的防沙治沙模式，实现了"沙漠绿、场子活、职工富"的奋斗目标，为全国防沙治沙提供了宝贵经验。荣获"全国优秀共产党员""全国先进工作者""全国治沙英雄""改革先锋"等称号。

# 王有德：让沙丘绿起来，让职工富起来

不断吞噬良田的沙漠，不断要求从林场调走的职工——1985年春天，当王有德就任宁夏回族自治区灵武县白芨滩林场副场长时，横在他面前的，是这样两道难题。

不改革怎么行？他实在是被风沙吹怕了，也穷怕了。

童年时，山上还有些树和草。随着人们放羊、挖甘草、挖麻黄，植被渐渐稀疏，一个村仅剩下两三棵老榆树。一入冬，风沙能把窑洞口填一半，庄稼经常颗粒无收，全家人只能靠吃草籽、糠麸充饥。

2013年7月24日，王有德（右）与职工一起在毛乌素沙地边缘的沙丘上扎草方格。（新华社记者王鹏摄）

为了阻断"越穷越砍树、越砍树越穷"的恶性循环,新中国成立后不久,灵武即在毛乌素沙地西南边缘建立了防沙林场。然而,几十年来,林场没有电、没有饮用水,职工居住条件差、孩子上学难,谁也不愿干下去。

除了通过改革留下一群治沙造林的人,王有德别无选择。

改革,从打破"铁饭碗"开始。

中国大多数领域还在收入分配制度改革门外徘徊的1985年,王有德带头承包绿化工程,取消工资级别、推行绩效工资。

最初,反对的声音不少。王有德拍板:咱采取自愿原则,不愿意取消工资级别的继续吃"大锅饭",愿意取消的则按劳分配。很快人们发现,后者的收入远远高于守着老待遇的人——那还有什么理由不加入呢?改革的坚冰就此消融。

第二项举措,贷款在县城盖房子。

2013年11月19日,王有德在毛乌素沙漠边缘。(新华社记者王鹏摄)

深山老林工作了半辈子的职工，这下可以带着儿女进城安度晚年。林场职工的心稳住了，但人们不知道的是，王有德把自己和父母、哥哥妹妹、亲家、小姨子的房子全部抵押贷款……

林场起死回生。

今天，白芨滩从林场发展为国家级自然保护区，管护区域从几万亩扩展至100多万亩。王有德和他的同伴们以每年治沙造林3万亩的速度，沿毛乌素沙地筑起一道东西长45公里、南北宽10公里的绿色屏障，守护着黄河以及河岸万顷良田。

在完成治沙造林目标的同时，林场职工年收入突破4万元，林区职工住上了小别墅，职工的孩子从小学到大学都有奖学金。20多年来，从这里走出30多个大中专学生，其中20多人毕业后自愿回林场工作。

带领笔者登上高坡，王有德指着滚滚绿浪和掩映林间的红顶小楼说："我就干了两件事：让沙丘绿起来，让职工富起来。"

这两件事，做起来并不轻松。

经年野外劳作，王有德患上了严重的关节炎，左眼接近失明，指甲缝里满是抠不出、洗不净的陈年旧土，身上是抖不尽的沙子，那个著名的"大鼻子"上沟壑纵横。

养个娃娃容易，沙漠里头种棵树难。千辛万苦种下的树苗，常常一夜风沙埋掉大半。王有德和职工们数不清多少次寒夜通宵栽树，多少次扒出树苗从头再来，直到绿树连成片，把流沙牢牢锁住。种树季节，有时来不及化验土壤盐碱度，他就捏一撮土放嘴里尝。尝得多了，哪块地适合种什么树，一咂嘴就知道。

妻子说，他每次回家，家里地板、床上全是沙，真是绿化了沙漠、沙化了家。儿子说，一连十来天见不到父亲是常事。那年植树大会战，父亲一个多月住在工地上，头发老长，衣服烂了几个洞，活像叫花子。

对王有德来说，这些都不重要。他的烦恼在于：怎样保证成活率？怎样更快锁住流沙？怎样增加职工收入？

一次在家吃饭，王有德刚把筷子伸进菜碗，大叫一声："金龟子！"妻子和孩子吓了一跳，一问，才知道林场刚栽下的樟子松树苗被金龟子啃食了芽尖，他正一筹莫展。

王有德拿着两张纸翻来覆去地比画，一夜未眠。

最终，他和同伴们发明了给樟子松穿"裙子"的办法，把塑料布做成喇叭状固定在树干上，让金龟子没法爬上去吃芽尖。数十万棵树苗，一棵一棵地修整，一棵一棵地固定，就像抚摸自己的孩子。

带头人需要超乎他人的勤奋与智慧，更离不开坚韧与无私。

有一回修泵房，几百斤重的空心板突然从房顶滑落。王有德一把推开同事，自己却被砸得人事不省。大家又哭又叫，他缓过气来，摆摆手："不碍事，接着干活吧。"

几年后体检发现，那次，竟砸断了他一根肋骨。

那次巡林，王有德发现一片苹果树果子落了一地，竟无人收捡。

谁家的树？大家一片沉默。一再追问，原来是他堂弟承包的林子。

"最近太忙，没来得及收果子……"没等堂弟解释完，王有德冲上去就是一个耳光。打完了，又让他把落果全部捡起来过秤。市价一斤一元钱，堂弟每斤交两元，作为罚款。

过了几天，王有德火气下去，又找到堂弟算了笔账——这些果树一年要投入多少工、施多少肥，白白让果子落下烂掉多可惜！如果人人都像你这样浪费，林场怎么发展？

在王有德眼里，这片林场和林场里的每一棵树、每一根草、每一朵花，都是他的亲人。跟沙漠植物打了30多年交道的他，至今每天必钻林子，半晌不愿离开。

笔者连问王有德三个问题——

假如林场一夜被毁，你怎么办？

2006年9月13日,王有德在毛乌素沙地边缘苹果林中收获苹果。(新华社魏蒙摄)

王有德肖像。（新华社记者王鹏摄）

假如你年轻 30 岁，你想干什么？

假如摆在面前的是更高的职位，你有什么打算？

他只有同一个回答：继续治沙。

# 人民楷模

## 王启民

王启民，男，汉族，中共党员，1937年9月生，浙江湖州人，大庆油田有限责任公司原总经理助理。他发扬"大庆精神"和"铁人精神"，敢于挑战油田开发极限，研究并提出了"分阶段多次布井开发调整"理论，其中表外储层开发利用技术突破了国内外认为不能开采的禁区。他主持的油田高含水后期"稳油控水"项目研究，为大庆油田实现27年5000万吨以上高产高效持续开发作出重要贡献。荣获"全国先进工作者""全国优秀共产党员""改革先锋"等称号。

# 王启民：一生为祖国"加油"的"新铁人"

这是一种不解之缘——2019年9月26日，是大庆油田发现60周年，也是他83岁的生日。

他为石油而生。是他，挑战油田开发极限，推动大庆油田连续27年年产原油5000万吨以上，创造了世界同类油田开发奇迹，为祖国建设、发展源源不断地"加油"。

他叫王启民，大庆"新铁人"，"人民楷模"国家荣誉称号获得者。

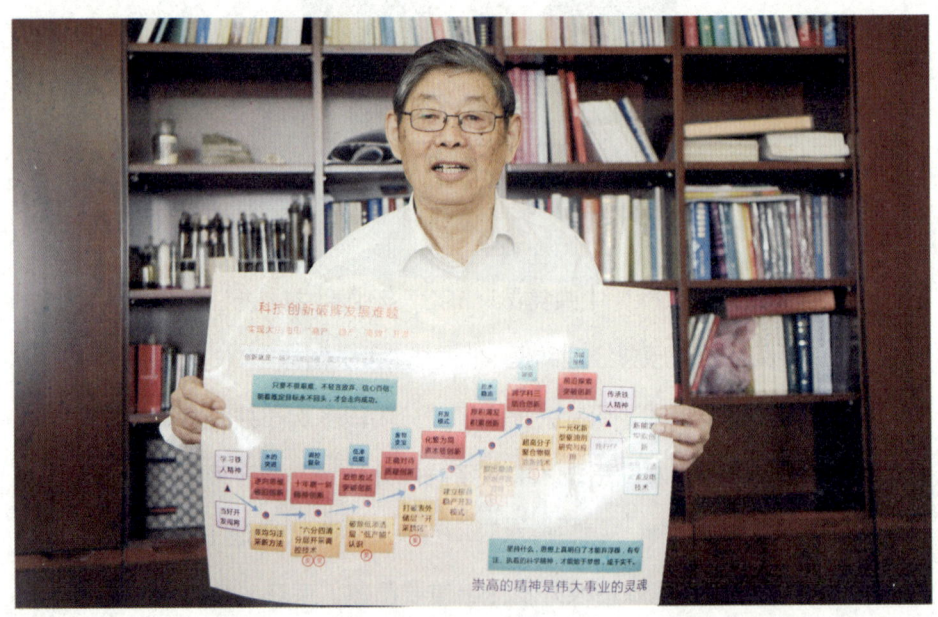

2019年6月28日，大庆"新铁人"王启民展示他设计的科技创新攻关曲线图。（新华社记者王建威摄）

## "闯将在此"——毛头小伙儿"敢笑天下"

记者眼前的王启民,像个邻家老人。由于长期野外作业,他早年患上类风湿强直性脊椎炎,有些驼背。但一谈起攻克的那些石油开采难题,便神采飞扬。

1960年,还在北京石油学院读书的王启民,来到刚开发的大庆油田实习。"当时,几万会战职工住地窨子、啃窝窝头,人拉肩扛、爬冰卧雪也要为国家找油。"他被这种场景震撼,毕业后毅然重返大庆。

当时,外国专家的一席话深深刺痛了他的心。"他们说,中国人根本开发不了这样复杂的大油田。"王启民回忆。

2018年12月11日,王启民在大庆油田的办公室内接受新华社记者采访。(新华社记者何山摄)

"可这个油田是国家之宝啊!"王启民说,铁人王进喜说了,没有条件创造条件也要上,"把国家的需求作为奋斗的方向,干劲就来了。"

王启民等几个年轻人写了一副对联——"莫看毛头小伙子,敢笑天下第一流"。横批"闯将在此"。"闯中有马,我们把'马'字写得大大的,突破了'门'框。"王启民说,我们一定要闯出天下一流的开发路子来。

挑战迎面而来。早期,由于缺少经验,大庆油田只能套用外国"温和注水,均衡开采"方法开发,结果造成油井含水上升快,原油采收率一度不到5%。长此以往,将对油田带来极大破坏。

"大庆油田地下构造千差万别,有富油层,也有薄差油层,怎么能以同一个水平开发呢?"王启民质疑。通过不断试验,他提出"非均匀"注采理论,使日产百吨以上的高产井成批涌现,为大庆油田原油上产提供了重要保证。

### "宁肯把心血熬干,也要让油田稳产再高产"

20世纪70年代,一面是国家急需更多的原油,一面是随着开采程度加大,油井平均含水明显上升,油田开发又一次面临严峻考验。

1970年,王启民和试验组一行在油田中区西部开辟试验区。"有的井含水量上升,得赶快想办法。当父亲的干啥,就是给孩子治病啊。"他把油井当作自己的孩子。

吃、住、办公几乎都在现场,王启民和团队坚持了10年。3000多个日夜,他们白天跑井,晚上做分析,和无言的地层"沟通",终于绘制出了大庆油田第一张高含水期地下油水饱和度图,揭示了油田各个含水期的基本规律,发展形成了"六分四清"分层开采调整控制技术。1976年,大庆油田年产原油攀上5000万吨。

为接续高产稳产,王启民又把目光瞄向了表外储层,这是被国内外学

王启民工作照。（新华社资料照片）

界认定为"废弃物"的油层。"这些油层虽然薄、差，但层数很多，储量丰富。"王启民认为，既然禁区是人设定的，就能打破它。

在质疑声中，一次次失败、一次次纠错、一次次再来……王启民带队对1500多口井逐一分析，对4个试验区45口井进行试油试采，终于找到了开发表外储层的"金钥匙"。这项技术使得大庆油田新增地质储量7亿多吨、可采储量2亿吨。

"既然选择了这条路，吃苦就是最基本的准备。宁肯把心血熬干，也要让油田稳产再高产。"这是"新铁人"的宣言。

20世纪90年代中期，大庆油田主力油层含水超过90%。王启民坐不住了，带队开展"稳油控水"技术攻关，使3年含水上升不超过1%。到

王启民工作照。（新华社资料照片）

2002 年，大庆油田实现了连续 27 年年 5000 万吨以上的高产稳产。

### 一生只做一件事——为祖国献石油

如今，83 岁的王启民还坚持每天来到办公室。"退而不休"的他又开展起新能源技术研究。"我虽然岗位退了，但有责任为年轻科研人员成长当好人梯。"王启民说。

对于经手的技术报告，他关注到小小的标点符号，总是习惯用铅笔在报告上标注。"这是平等探讨。"王启民表示，如果有不同看法，可以随时改过来。

"要有铁人的'拼','十年磨一剑'的'傻',向各种人物、事物学习的'智'。"这是王启民自创、秉持的新"三字经"。

从 23 岁北上来到大庆油田,王启民奋战在这片热土,整整 60 年。

"我只是个普通代表,荣誉属于大家。"王启民说,回首走过的岁月,感慨万千,仿佛又看到了"拼命也要拿下大油田"的震撼场面,又回到了探索先进勘探开发技术的火热一线。

# 人民楷模

王继才

　　王继才，男，汉族，中共党员，1960年4月生，2018年7月去世，江苏灌云人，江苏省开山岛民兵哨所原所长、燕尾镇开山岛村原党支部书记。1986年开始，他和妻子奉命守卫开山岛，32年如一日排除困难、坚守孤岛、为国戍海，自己动手修缮营房、建设哨所，坚持每天巡海岛、护航标、写日志，坚决与走私、偷渡等不法分子作斗争，有力捍卫了国家利益，把人生最美好的年华无私奉献给国防和海防事业。荣获"全国优秀共产党员""全国爱国拥军模范"等称号。

# 王继才：守岛，就是守国

1986年8月30日，王仕花登上开山岛，搜寻她"失踪"的丈夫，可只找着一个胡子拉碴、满身臭气的"野人"。

王仕花气急："别人都不守，我们也不守！"

"野人"说："要走你走，我决定留下！"

王仕花走了，"野人"的心滴血了。

可不到一个月，王仕花带着包裹，又上岛了。

从此刻开始，他守着岛，她守着他，直到他生命的最后一息。

开山岛上的"王开山"，这是人们对守岛人王继才的亲切称呼。

32年，一口水窖、三只小狗、四座航标灯、数十棵被吹歪的苦楝树、200多面升过的旧国旗，勾勒、构成王继才的守岛岁月。

## 坚守——直到守不动为止，他为一座岛作出承诺

呜咽的风，鬼魅的风！——一到夜晚，狂风袭岛，劈头盖脸，往屋子里钻，无孔不入。

王继才上岛前，来过4批10多个民兵守岛，最长的只待了13天。他们全都被这狂风吓跑了。

"我用铁床堵住门，蜷在角落里，抽烟喝酒壮胆。"

1986年7月14日，上岛第一天。怒吼的风把王继才逼到营房一角，整宿失眠。

2017年2月21日，王继才在江苏开山岛上眺望远方。（新华社记者韩瑜庆摄）

第二天，看到船，但任他呼喊，船就是不靠岸。

一连47天，叫天不应，叫地不灵，犹如炼狱。带来的30瓶白酒喝光了，王继才也醉了，倒在哪里就睡在哪里。

开山岛离陆地有12海里，是祖国的海上东大门。小岛只有两个足球场大，战时是兵家必争的黄海前哨、战略要冲，必须得有人值守。

"我们下岛吧！"

上岛第48天，妻子王仕花对丈夫说。

王继才是瞒着妻子上岛的。得到消息，王仕花追到岛上却惊呆了——眼前的丈夫熬的是缺水少米的"原始"生活！

当时，江苏灌云县人武部领导语重心长地对王继才说："这岛，只有你能守住，不要当逃兵！"

王继才望一眼这孤岛，乱石蒸腾出的热浪弥漫在海天之间，连过路的海鸟都不愿在这里落脚。

王继才沉默着，但他明白无论是军令还是承诺，都不容违背。

沉默着，他把妻子送上了船。

等船走远了，他坐在岸边突然放声大哭。

王仕花也在挣扎。她左思右想，一狠心辞掉教师工作，把两岁的女儿托付给婆婆，背着铺盖卷，也上岛去了。

1987年7月，王仕花即将临产，却无法下岛——一阵风，就能锁住一座岛。

9日这天，王仕花要生了，豆大的汗珠从额头滚落，把王继才急得团团转。

"王继才，我坑你手里了！"

情急之下，王继才抓起步话机联系镇武装部长，在部长妻子的指导下，自己动手接生！

伴着孩子的第一声啼哭，王继才找来一把剪刀，颤抖着剪断了脐带。孩子呱呱坠地，连个裹布都没有，王继才撕开身上的背心在开水里一煮，裹在了孩子身上……

这个孩子叫志国。

1995年春节前后，台风连续刮了17天，粮没了，炊断了，全家人吃生牡蛎充饥。8岁的小志国撒的尿都是乳白色的，哭闹着要吃米饭，被父亲狠心揍了一顿。

王仕花心里的苦说不出，只得擦一把眼泪，一手搂住小志国，默默抓了牡蛎放到自己嘴里嚼，等腥臭味嚼没了，再喂到孩子嘴里。

到了第九个年头，家里更困难了：父母年迈、孩子上学、经济拮据，王继才盘算着：上岸多挣点钱，照顾家人。他想找老政委王长杰说明情况，可一找却找到了医院里——老政委身患绝症住院。

请辞的话还没出口，老政委拉起他的手："继才，开山岛由你来守，我就是走了，也放心了。"

王继才心头一热，肚子里的话来回转了几圈，又咽了回去。

他敬了个军礼："您放心，无论遇到什么困难，我一定把岛守好，直到守不动为止！"

坚守何其艰难！

岂止是风浪的可怕。缺补给，王继才夫妇过了10多年半饥半饱的日子；没有电，他们点了20多年煤油灯；没淡水，他们喝了30多年雨水。

雨水里有寄生虫怎么办？他们往水窖里放了一群泥鳅吃虫子。

泥鳅吃完又吐出去的水，就是两个人的命。

在岛下，三个得不到父母照顾的孩子相依为命。有一次，大火差点把三个孩子烧死。孩子们一气之下让人给岛上送了一张纸条："再不回来，就看不见我们了！"

2017年1月1日，王继才夫妇在开山岛的最东边举行向国旗敬礼仪式。（新华社记者李响摄）

字条上这些字,像是有人用刀剜在夫妇俩心上。王仕花见了字条,急急赶回来,把孩子们安顿好就要赶回去。三个孩子一把抱住妈妈的腿,哭着就是不让走。

大女儿王苏抹着眼泪赌气说:"像你们这样不负责任的父母,就不该

要孩子，两个人在岛上过一辈子得了！"

曾经有很长一段时间，王志国不理解父亲。

后来他才知道，不得已的父母也有一片苦心："独自生活，就是要让他们接触生活的压力，磨炼他们，让他们成长。我们守岛虽然辛苦，也是为了要用行动告诉子女：做人要重诺守信、要诚实正直！自己承诺的事情，就不能言而无信！"

2003年10月10日，灌云县人武部为王继才一个人举行了入党宣誓仪式。面对党旗，举起右拳，他庄严宣誓："对党忠诚，积极工作……随时准备为党和人民牺牲一切……"

在王继才的心里，守岛，已经从"有期限的任务"变成了"终生的使命"。43岁的王继才再次承诺："守岛就是守国，遇到天大的困难，也一定要把岛守好！"

32年，灌云县人武部的部长换了9个，政委换了7个；当年从岛上撤下的军人和民兵们，在各行各业收获各自的人生精彩，而王继才夫妇却始终像钉子一样钉在同一个地方，相当于连续度过了16个义务兵役期。

随着年龄的增大，他们越来越觉得自己离不开这座岛。后来，小岛上多了气象仪、水文仪这些监测设备，还需要做日常维护、紧急抢修。王继才意识到，开山岛也离不开他们了。

为了守岛，王继才错过了女儿的婚礼，错过了外孙的出生，错过了与老父亲的最后一面……在大女儿王苏印象中，父亲最常说的一句话："岛是国家的，我走了，岛怎么办？"

**赤诚——岛就是国家，守岛就是守国**

王继才被一群人打了。

脸肿得老高，嘴巴都合不上。

他连话都说不清楚，可还是从牙缝里挤出一句话："违法的事，不行！"

1999年3月，不法分子孙某盯上了开山岛。

他借口将开山岛"开发成旅游景点"，谋划在岛上开办色情场所。王继才发现后，立即向上级报告。

孙某怕王继才把事情搅黄，威胁他："你已经30多岁了，死了还值。你儿子可才10来岁，要是死了，就可惜了！"

王继才毫不畏惧："我是为国守岛，就是死了，组织上也会记得我！你们要是敢干违法的事情，就试试看！"

一计不成，又生一计。见来硬的不行，孙某赔着笑脸掏出一沓钱："只要你以后不向部队报告，赚了钱我俩平分。"王继才依旧严词拒绝。

恼羞成怒的孙某带人把王继才拖到码头一顿暴打，还放了一把火，把他多年积攒的文件资料和值守日记全都烧成了灰。

王继才始终不让寸步。后来，当地有关部门赶到岛上展开调查，最终将以孙某为首的一批犯罪分子绳之以法。

一年冬天，王继才巡岛时，发现海面上两艘轮船有异常，立即向上级报告。最后查明船上装的是走私的60辆汽车。

一年夏天，蛇头王某试图借开山岛中转，组织49人偷渡，拿出10万元现金，想让王继才"行个方便"，可他还是一句话："违法的事，一律不行！"

临患不忘国，是为忠。

"我们的想法很简单，开山岛是国家一类哨所，我们的职责就是不顾一切地守卫好。"32年里，王继才夫妇练就了"火眼金睛"。他们先后向上级报告了9次涉嫌走私、偷渡的违法案件，其中6次成功告破。

"开山岛插着国旗，我们天天守的就是国土。"

在王继才夫妇眼里，祖宗基业，寸土不能丢！

曾经的开山岛在1939年被日军作为跳板登陆灌云，屠杀我军民1万多人。每每想起,王继才就越发看重值守任务:"我不能对不起老祖宗流的血!"

由于长期身处潮湿环境,夫妻俩都患上了严重的关节炎,王继才湿疹起了一身,留下一个个铜钱大小的疤。

多少个沉寂昏暗的夜里,王继才疼得睡不着。半夜三四点的时候,他悄悄起身来到岸边,一边抽烟一边眺望天海相接的远方,默默等待天亮。

"王仕花哎,起来了,升国旗了!"

每天清晨,王继才的这句话,成了叫醒王仕花的"起床闹钟",两人开始做这一天的第一件事:升国旗。

升国旗仪式并不十分正规——旗杆是用一根坚韧的长竹改造的,升旗

2011年11月2日,王继才夫妇在归家途中。(新华社沈鹏摄)

台是夫妇两人一捧捧水泥一块块砖砌成的。升旗时，王继才升旗，王仕花敬礼，虽然姿势看着不那么标准，但神情坚定而神圣。

有人不解地说，两个人的小岛，升不升国旗又有何妨。王继才的回答斩钉截铁："守岛就是守国门，开山岛虽小，但领土神圣，必须升国旗！"

2012年元旦，天安门国旗护卫队了解王继才的事迹后，专门从北京送来一座钢制移动升旗台和一面曾飘扬在天安门广场的五星红旗，王继才如获至宝。

一次，台风入侵开山岛，王继才脑子里只想到一件事：国旗！

他顶着狂风，一路跌跌撞撞跑到山顶，奋力把国旗降了下来。

返回途中，突然一脚踩空，接连滚下17级台阶，肋骨摔断了两根，自己差点掉到海里一命呜呼。

可他手里，紧紧抱着那面鲜艳的红旗。在他心里，那面红旗比自己的命都重要！

第二天，闻讯赶来的渔民把他送到了医院。乡亲们劝他，为了一面旗摔成这样，如果真的命没了，值得吗？

"守岛这么多年，开山岛就是我的家，如果哪天真出事了，就把我埋在岛上，让我一辈子陪着国旗！"王继才回答。

### 传承——把根守住，王继才永远和我们在一起

2018年7月27日，积劳成疾的老民兵王继才，倒在了开山岛的台阶上。推开哨所办公室的门，一面国旗整整齐齐放在桌上。

这是他生前升过的最后一面国旗。

32年，岛上风浪大、日头毒；风吹日晒，雷暴夹击……国旗经常破损褪色，必须经常更换，王继才自己掏钱买了200多面国旗，他和家人把国

旗看得比什么都重要。

亲朋好友多少次问王继才，在岛上度过大好时光，少了家庭团聚，心里苦吗？怨吗？后悔吗？

他总是说，自己是艰辛的，也是幸福的。他无怨无悔。

偶有天气舒适的夜里，王继才夫妇躺在营房外的空地上。星空笼上层层薄纱，星光照亮着王仕花的脸庞——如果没有岛上数十年的风霜催逼，王仕花仍是当初那个被全村男人羡慕的俏媳妇。

王继才指着天幕上的群星对王仕花说，王仕花哎，你看天上有个银河，这边这个是织女星，那边那个是牛郎星……

王继才又看着王仕花的脸庞说，你跟我在岛上吃那么多苦，我吃的苦你也吃了，我没吃的苦你也吃了，这辈子我承诺了要在岛上守一辈子，如果要有下辈子，我还娶你做老婆。

多年以后，银河还在天上，皱纹爬上了王仕花的脸庞。王仕花的眼泪从眼角的皱纹里淌了出来："岛就是我们的家，他离不开我，我离不开他，我能明白，我一直都明白……"

"父亲用一辈子兑现了'守到守不动为止'的承诺。"王志国说，如今父亲不在了，但父亲的精神就是自己的根，只要守住这根，父亲就还能跟我们在一起……

人人心中都守着一座开山岛。传承这份精神的，不止王志国。

八月的黄海，日头正毒。狂风劈开海浪，呼啸而至。

这个夏天的开山岛注定与往时不同。

海风找不到那个熟悉的身影，发出阵阵鸣咽，但有一群新的守卫者正陆续赶来，誓将这份可歌可泣的精神延续——他们守的，不仅仅是一座岛，更是一颗爱国奉献、矢志奋斗的初心！

一场台风过后，第一抹朝霞渐染东方海空，王仕花带领开山岛民兵执勤班升旗点名。

"王绪兵！"

"到！"

"胡品刚！"

"到！"

"汪海建！"

"到！"

"王志国！"

"到！"

"王继才！"

大家齐声高喊："到！"

共和国辽阔的海疆，注视着这群守岛报国的接班人！

43岁的胡品刚说："上岛之前，没想到岛上有那么苦。上来之后才真正明白，什么是平凡中的伟大、平凡中的英雄。继才走了，我们一定要延续继才同志的精神，把开山岛守好。"

"开山岛不仅是黄海中的一个地理坐标，更是一座彰显新时代奋斗者价值追求的精神丰碑。"灌云县委书记左军说，每个人的岗位不同，但职责都是保卫和建设国家。

7月30日，王继才追悼会在灌云县殡仪馆举行。

王继才夫妻二人几十年鲜有朋友来往，可是专程赶来为他送行的竟有上千人！

王继才救助过的渔民来了，多年不见的乡亲来了，曾经守岛的老兵来了……一名山东微山的煤矿工人从网上得知消息，带着上小学的闺女专程赶来，向心中的英雄致以最后的敬意。

"好久没见继才了，遗体告别时，我看他好瘦啊！"老友魏善林说起那天的情况，泪水止不住地流："当年叫我去守岛，我没干，是他把我们顶下来了，他为此苦了一辈子！"

2011年11月1日，王继才夫妇在烛光下写每天都要记录的巡岛日志。（新华社沈鹏摄）

几十年的老邻居顾保乔说："前不久我劝他，快60岁的人了，身体又不好，趁早打报告下来吧。他却说，'不行，组织没让我下来，我必须守到底！'"

8月6日，腿脚不便的王仕花作出了一个决定。

她正式向组织递交继续守岛申请："继才的承诺就是我的承诺，我要把岛守下去，直到守不动为止。"

所有的人，默默凝望着这位一身军装的老大姐，泪水奔涌。

8月15日，江苏省人民政府评定王继才同志为烈士。

他的墓旁，人们失声痛哭：

"继才，一路走好！"

"王开山，一路走好！！"

这是一个平凡的守岛人最后的旅程。

很长很长时间里，一盏煤油灯，一个煤炭炉，一台收音机，是这个守岛人的全部家当。

上岛前两年的时候，王继才夫妇想种树。

他们种过白杨、槐树，都没活。第三年，往水窖边的石缝里撒的一把苦楝子，竟然长出了小苗。就这样种了死，死了种，大树旁边种小树，渐渐成了丛，原来种不活的松树、桃树、梨树、无花果、葡萄、蔬菜……慢慢都种活了。

"刚上岛的时候，岛上光秃秃的，什么都没有，当时老王就跟我说，以后一定要把小岛建成绿岛，让上岛的人们能有一片乘凉的树荫，吃上一点鲜甜的水果。"王继才走后，王仕花夜晚还老是梦见他穿着军装驼着背，一点一点地给岛上的果树施豆饼肥。

开山岛，欣然接受了这对夫妇用青春和生命送来的礼物，叶茂花开，焕发出勃勃生机！

# 人民楷模

## 布茹玛汗·毛勒朵

　　布茹玛汗·毛勒朵，女，柯尔克孜族，中共党员，1942年6月生，新疆乌恰人，新疆维吾尔自治区乌恰县吉根乡护边员。她长期扎根于祖国边疆，无怨无悔、默默无闻地将青春年华奉献给祖国的守边事业，在平均海拔4000米以上的冬古拉玛边防线上50多年如一日巡边护边，每天最少要走20公里山路，在她守护的山口，创造出无一例人畜越境事件的守边业绩。她积极宣传爱国护边工作，在边境线的许多石头上刻下"中国"两个字，这些"中国石"成为当地护边守边、彰显爱国情怀的象征。荣获"全国爱国拥军模范""全国三八红旗手""全国民族团结进步模范个人"等称号。

# 布茹玛汗·毛勒朵：中国，一生的守护

柯尔克孜族牧民布茹玛汗·毛勒朵今年77岁。她生命中绝大部分时光，在祖国最西端的边境线上度过。

50余载，只为守护国家边境。每日跋山涉水、夜宿雪岭、攀爬峭壁……路途上，唯有孤独、危险、寒冷相伴。她走过20多万公里山路，在帕米尔高原大大小小山石上亲手刻下10多万块"中国石"。

极致的忠诚热爱、坚定执着，感动中国。

### "我做了应该做的事"

布茹玛汗·毛勒朵是新疆克孜勒苏柯尔克孜自治州乌恰县吉根乡冬古拉玛通外山口的一名护边员。这里海拔4290米，是帕米尔高原中国通往吉尔吉斯斯坦的一处边防隘口。

1961年，19岁的布茹玛汗跟随丈夫在冬古拉玛安家。她发现，这里虽有边界线，但没有界碑。那时的她，便立下手刻界碑的心愿。

布茹玛汗记得，当她第一次将"中国"两个字刻在石头上时，欣喜地将那块石头抱在怀中。50多年过去，她在边境线上的10多万块大大小小石头上刻下"中国"两个字。

布茹玛汗的父亲是孤儿，自小和5个兄妹为巴依（富户）家放牧谋生。新中国成立后，全家开始过上好日子。对于来之不易的新生活，布茹玛汗的父亲十分珍惜，弥留之际叮嘱子女："这里是解放军吃着草根才得到解放的,你们要守好边境,像待家人一样待解放军。"

那时,很少有女性放牧巡边,但布茹玛汗每日早出晚归,将越境的牛羊赶回来,查看陌生人有无进出边境。冬古拉玛山口离布茹玛汗的家有60公里山路,她照顾不了家庭;一路上,悬崖、乱石滩、沟壑密布,她的腿脚经常被尖利的岩石划出道道血口,很多次受困于暴风雪中……护边生涯里,布茹玛汗遭遇过无数危险。

她对于边境线的守护执着得近乎"偏执",乡邻笑她痴傻,丈夫也和她闹过矛盾。

然而,她无怨无悔。"父亲说过,边境线安稳国家才能安稳,人们才能有幸福生活,我做了应该做的事,度过了有意义的一生。"布茹玛汗说。

### "他们就像我的孩子"

"拥军爱军"是布茹玛汗常年坚持的另一件事。她记不清救治过多少冻伤、摔伤、被困暴风雪的"兵娃",给他们妈妈般的爱与呵护。

1999年,浙江籍战士罗齐辉巡逻时被困暴风雪,双腿严重冻伤。得知情况后,布茹玛汗迅速将他抬进毡房,把小战士的双脚揣在自己怀里暖着,让儿子麦尔干宰杀山羊接热血救治。经过1个多小时急救,战士的脚开始恢复知觉。

2004年,边防战士胡红利带领7名战士出发,原计划巡逻8天后到达冬古拉玛山口。天气突变,他们

新疆柯尔克孜族守边员布茹玛汗·毛勒朵（左一）和边防战士们一起巡边。（新华社资料照片）

被困半山腰。暴雨之夜，布茹玛汗和儿子背着干粮摸着石头一点点向前挪，赶了10几个小时山路，将救命干粮送到战士们手中……

布茹玛汗有一个习惯：只要有空就织毛衣、毛裤、毛袜子，用的是自己手工捻的羊毛和骆驼毛，给"兵娃"们准备过冬衣物；战士们的鞋袜、

### 勋章 · 共和国不会忘记

新疆柯尔克孜族守边员布茹玛汗·毛勒朵（左）在为边防战士织毛袜子。（新华社资料照片）

衣服湿了，她就守在火堆边一件件烤干；衣服破了，她一件件补好……

布茹玛汗家生活并不宽裕，可是，只要边防战士巡逻经过她家，或来做客，她和丈夫、孩子都会把毡房让给战士们住，自己搬到放杂物的小毡房里。每年建军节，她都会在家里准备酥油卷饼、奶茶、宰杀牛羊，请边防战士到家里庆祝节日。

"他们就像我的孩子。"布茹玛汗满是怜爱。

### "对得起自己、对得起国家就是最大的好"

对于布茹玛汗而言，热爱祖国是一种信仰。这已经成为家风并得以传承。

布茹玛汗有三个儿子、两个女儿，都是护边员。她对子女说："我过去吃的苦像山那么多。你们现在也要守护好祖国的边境线。"

布茹玛汗的儿子买尔干从 12 岁就跟着妈妈巡边护边。如今，40 岁出头的他已是当地护边员小组组长。回想过去,他红了眼眶:"小时候埋怨妈妈为什么总不回家,为什么不能像其他人的妈妈一样给我们做热饭热汤,只知道她在边境线上巡边,还常常受伤。成为像她一样的护边员后,才明白了边境线的意义,开始钦佩妈妈,为她骄傲。"

新疆柯尔克孜族守边员布茹玛汗·毛勒朵(右二)用羊血为战士暖脚,治疗冻伤。(新华社资料照片)

如今,布茹玛汗的故事传扬在天山南北,成为新疆各族护边员的榜样。

今年国庆前夕,布茹玛汗荣获"人民楷模"国家荣誉称号。当她蹒跚走向领奖台时,远在近万里外的国境线,布茹玛汗家人围坐在电视机前,喜极而泣。

"把自己该做的事情做好,对得起自己、对得起国家就是最大的好。"布茹玛汗说。

# 人民楷模

## 朱彦夫

　　朱彦夫，男，汉族，中共党员，1933年7月生，山东沂源人，山东省沂源县西里镇张家泉村原党支部书记。1947年参军，经历战斗上百次，在抗美援朝战场上失去了四肢和左眼，10次负伤，3次荣立战功。退伍后用自己的抚恤金，建图书室、办夜校，帮助农民提高文化素质。担任村党支部书记25年，带领群众治山治水、脱贫致富，把一个贫穷落后的山村变成了山清水秀的富裕村。他身残志坚，用残肢抱笔，历时7年创作两部自传体长篇小说《极限人生》和《男儿无悔》。荣获"全国优秀共产党员""全国道德模范""全国自强模范"等称号。

# 朱彦夫：永远坚守百姓这块阵地

2014年3月18日，朱彦夫在接受媒体采访。（新华社记者徐速绘摄）

那一年，他只有18岁。

抗美援朝的一次激战后，他成了整个连里唯一的生者，睁开双眼那一刻，他发现自己的双手双脚与左眼已永远失去。

……

那一天，村里全部8名党员齐刷刷举起了手。

25岁的他成了乡亲们的"带头人"，开山劈岭、治山改水……没有手的他，用心把百姓的事情一件件做实，没有脚的他，带领百姓硬是走出一条脱贫新路。

……

朱彦夫,山东省沂源县西里镇张家泉村原党支部书记。很多人眼里他是一个传奇,但他说:"我这个条件只能是一个字:拼!为百姓,就是守住阵地!"

## 上 阵

"胡闹!"一个清冷的早晨,张家泉村推选支书会议上,上级领导刘书记拍案而起,"咱有胳膊有腿的不去干,偏偏要一位特残功臣去替大伙儿挑这个担子!不行!绝对不行!"

"俺大叔是人民功臣,要说威信,他最高。这样的人当支书,俺服气!"

"他不吃老本还立新功,一门心思地给大伙办好事。"

……

大家讨论着,坐在一旁的朱彦夫早已百感交集。

20世纪50年代的张家泉村,笼罩在一片贫困之中。地处沂蒙山腹地,这个穷乡僻壤的小山村,干部换了一茬又一茬,但山河依旧、贫困依旧,村民们仍连糊口的地瓜干都吃不饱。

饥饿的滋味,朱彦夫尤其能体会。10岁父亲去世,他跟在母亲背后要饭。14岁参军,他第一次穿上了鞋子和棉衣……

战争是残酷的磨砺。淮海战役、渡江战役、抗美援朝……上百次战斗后,朱彦夫遍体鳞伤,断臂残肢的他也失去了作为健全人的权利。朱彦夫坦言,他曾想过轻生,但还是那句"共产党员死都不怕还怕这个"给了他力量。

终于,本可以在荣军院里"养"一辈子的朱彦夫,毅然决定回到家乡,回到那个自己学会走路的地方。

自己吃饭、上假肢、刮胡子、划火柴……这些看似稀松平常的事,对朱彦夫而言，件件都需要千锤百炼，他不断向正常人"靠拢"着。抱着"能给乡亲们记个工分也行"的念头，他还拿起一本《学习小字典》，自学文化知识。

学了文化让朱彦夫深感有文化是多么重要。于是，总琢磨着能为乡亲们办点事的他，把全部积蓄拿出来，托老战友买来了200多册书，在自家开了一间小图书馆。

刚开始几天新鲜，前来借书的人络绎不绝，但没几天就门庭冷落了，因为大多数乡亲们都不识字，怎么读书？

于是朱彦夫决定——办夜校，这想法立刻得到了乡亲们的一致支持。

从此以后，无论刮风下雨，无论天寒地冻，朱彦夫每天拄着双拐，拖着17斤重的假肢，雷打不动出现在距家2里多外的课堂上。

在这条路上，曾经摔得满身泥水，曾经倒在雪地里爬不起来，但他没有耽误过一节课，他为乡亲们做了件实事感到了深深的满足。

乡亲们感受到了，深深敬佩这位朱老师。在2年多的时间里，100多名学生从夜校走出，成为张家泉村建设时期的中坚力量。

"我看这样吧，咱们就来个一锤定音，举手表决吧！"支书推选会议仍在进行，刘书记最终决定。

话音刚落，村里全部8名党员齐刷刷举起了手。

对党的决定从不皱眉头一下。朱彦夫站上了这班岗，一站就是整整25载……

## 冲　锋

山里的冬天格外冷。那一天更是大雪纷飞、滴水成冰。

村里所有的壮劳力都集中在了龙王庙旁，大家正在打村里的第一口井，这是要命的节骨眼儿，为了这口井，全村已经砸进去一半的家当。

出水了！出水了！

刚被抬回家的朱彦夫，一瘸一拐走进了泥水淋淋、近 10 米深的井下，不停挥动着残臂，指挥着大家。这个关口，身为"带头人"的他怎能放得下心。

好不容易换班时间到了，一阵忙活儿的朱彦夫想卸掉假肢休息一会儿，却发现怎么也卸不下来。

原来，打井溅起的泥水，加上腿上冒出的汗气，混合了断肢创面上磨出的血水，生生把假肢和断肢冻在了一起。

乡亲们流泪了。一位老人跑过来，抱起朱彦夫的双腿放在自己胸膛上，老泪纵横地说："你回家不行吗？你坐在炕头上，我们来回跑，给你说巴说巴。求求你，听俺这一次。"

"要是真长到一块，我还求之不得呢。"朱彦夫笑着安慰老人。

擦干了眼泪，大家干劲更足了。

一口井，两口井，三口井……在朱彦夫的带领下，张家泉村彻底告别了大老远去别村打水、缺水灌溉的历史。

干过村支书的人都知道这是个啥"活儿"。进得百家门，说得百家话，办得百家事，对正常人来说这都需要相当的体力，相当的付出，何况是朱彦夫这样特残的身体。

张家泉村，山多地少，看村子的全貌、勘察工程等，经常需要爬山。

朱彦夫爬山是真的"爬"，挂着拐杖走不动了，就干脆卸掉假肢，绑在脖上，跪着往上爬，而为了不给别人添麻烦，他经常是在夜里偷偷地爬，有时下山干脆骨碌下来，鼻青脸肿、满身血印是家常便饭。

如果说朱彦夫充满干劲、不畏艰苦感召着乡亲们跟着他干，更让大家信服的则是他大胆的想法、超前的思维。

在山沟里刨食，张家泉村世世代代如此。地里几条大沟纵横，土地错落不堪，尤其是最大的赶牛沟，常年洪水冲刷，沟里乱石如阵，寸草难生。

朱彦夫作出一个大胆的决定——填沟，但不是简单地填，是先用石头把沟蓬起来，水可以从下面流，上面垫土成田，与两边的农田相连，旱了能灌溉，涝了还能排洪。

说干就干，朱彦夫是军人个性。几条大沟终于填平，村里一下多出几十亩地，当年粮食产量一下增加了四分之一。

水有了、地有了、粮食有了，朱彦夫又开始想方设法让大伙儿收入多点，他号召成立了副业社，铁匠社、木工社、米皮社、馍馍社等；他还带着大家在山上种起了苹果树、花椒树，称这是给山"穿衣戴帽"，这在当时的山沟沟里，可都是新鲜事儿。

在朱彦夫的带领下，村里面貌翻天覆地，张家泉村在县里第一个有了拖拉机，第一个通了电，人均收入实现了全镇第一……一个多年的落后村成了先进村，因为贫穷多年没娶进媳妇的小村庄一年就迎来了10个新娘。

## 垂 范

大女儿向华终于要出嫁了，可当爸妈的谁都不让告诉，连嫁妆的事儿也从不提。出嫁这么大的事都"偷偷摸摸"，向华委屈地哭了。

原来，正值村里打井的关键时刻，朱彦夫已经把自己的残废金全都贡献了出来，实在拿不出钱来，他怕乡亲们知道送来礼钱。

这个秘密还是让邻居家的张大娘知道了，从小看大的闺女，按当地的风俗，大娘拿出了自己的钱。

"不行！"朱彦夫的拐杖敲得噔噔响。

很多年后的今天，儿女们对父亲的这一动作仍然印象深刻。村里大娘给掰的玉米不能要；六个孩子结婚全不摆宴席、不收一分礼钱；去村外看病，坚决不要车不麻烦组织……

有老乡问，这些事儿实在不算啥，老朱你咋就那么倔？朱彦夫的声音高了八度："我家有特等残疾，但不允许有特等公民。要不我哪有脸管别人？"

咱的话还有什么说服力？"

论抠门，朱彦夫算头一个，但论大方，他也数第一。

朱彦夫的妻子陈希永，娘家在海边日照。有一年回娘家，陈希永用小车推回了两筐咸鱼。朱彦夫一看，兴高采烈地说："这可是稀罕物，快过中秋节了，给大伙每家送几条去。"陈希永也赞成。

按大小搭配分份，挨家挨户送去，好不容易坐下准备吃饭，算来算去，发现还有一户没送到。于是，陈希永把仅剩四条咸鱼中的三条拿走了。

祖孙九人，围着一条小咸鱼，你推我让地过了中秋节。

说起朱彦夫帮助人的故事，村里的百姓说也说不完：

蔡光生有心脏病，家里穷治不起，朱彦夫每月从残废金中拿出一大半给他买药治病；

苗有才子女多，家里就他一人干活，有一年断了粮，朱彦夫立刻拿出家里有限的粮食接济他，渡过难关；

王忠兰得了肝病，朱彦夫让妻子做好饭菜送到她家，经常连碗都留下了；

……

"我是村支书，村里的事，就是我的事。"虽然口头上不说，朱彦夫心里明白，家人对他的付出很多很多，尤其是妻子。

从嫁给朱彦夫起，妻子就把自己当成了朱彦夫的"手"和"脚"，精心照料帮助着丈夫。因为肚子受过伤，朱彦夫夜里经常急着上厕所，顾不上装假肢，陈希永就背他去，有时背不动，就喝两口白酒，趁着酒劲儿背。

朱彦夫的为人，也让村里人人信他，人人服他。

有一次，村里两兄弟打架，当娘的气得想喝药自杀，朱彦夫拄着拐杖去了，坐在床上什么都不说，两兄弟立刻就停了手。

百姓心里是明镜，谁尽心尽力为自己做事，就真心拥戴谁。乡亲们说:"在俺们眼里,村干部和党不分家,党员就应该是朱彦夫这样的大丈夫。"

## 坚 守

250 高地,每一次回忆自己的故事,朱彦夫都会从这里讲起,这是他和连里 30 多名战士像钉子一样死守到底的地方。

第一天,还剩 19 人。

第二天,还剩 6 人。

第三天,仅剩 1 人。

……

这份坚守是一个共产党员的精神高地,一份神圣又沉甸甸的使命。

如今,朱彦夫已经走进人生第 81 个年头,旧伤新病倍加折磨着这位坚韧的老人,但他的腰板依然挺直,用残臂敬出的军礼依旧标准。他是一名永远的战士,是一座山,让人不得不肃然起敬。

在张家泉村的南山上,朱彦夫当年和乡亲们一同填平的赶牛沟"小平原",依然每年都在打收新粮,朱彦夫当年号召乡亲们种下的苹果树、花椒树依然茂盛,这些如今仍在为村民带来不少收入,朱彦夫的故事仍经常在村头巷尾给孩子们讲述。

作为现任张家泉村支书,刘文合经常会去看看他们的老书记,朱彦夫有时会从日记本里抽出一张纸条给他,上面写着致富信息、项目建议等,他平时想到什么、看到什么就记下什么,拿给刘文合参考。虽然他因为身体原因已经从村里搬出,但心却从未离开。

"他对村里的影响是潜移默化的。"刘文合说,其中最深刻的还是他永远创业、永远干劲儿十足、永远将百姓放在心上的精神。

与朱彦夫相比,刘文合如今正在历经另一番事业,带领百姓进行产业

· 勋章 · 共和国不会忘记

朱彦夫在给孩子们讲张家庄的创业史。（新华社资料照片）

结构的调整。"我最佩服老书记的是他超前的思维。在老书记身上，我们需要比照的地方还有很多很多。"这位年轻的带头人说。

在这个小小的山村，朱彦夫的精神仿佛一颗种子，生根发芽，在遇到困难的时候，在想放弃的时候，人们尤其会想起。

告别村支书岗位后，朱彦夫没有停歇，也不会停歇。他以残臂夹笔，写下了总计超过50万字的两部自传小说——《极限人生》和《男儿无悔》。

这就是朱彦夫，永远将生命定格在最壮美的极限深处，一言一语中，人们感受到了他丰富的内心世界：

"人活着，就得奋斗；奋斗着，就是幸福；奋斗不止，幸福不断！"

"用自己的微弱的光温，把这块土地搞得好一些，让广大群众能吃得上、穿得上，能过上温饱的日子，这也是我对广大群众的一种报答吧。有一种感恩的想法。"

"清正廉洁不是一项荣誉，也不是做给谁看的。要通过务实勤干、埋头苦干，让群众过上幸福美满的生活。"

……

穿越时空，这些话依旧滚烫。国家、百姓，是他永远的坚守。

# 人民楷模

## 李保国

  李保国，男，汉族，中共党员，1958年2月生，2016年4月去世，河北武邑人，河北农业大学教授。他始终奋战在科技兴农、脱贫攻坚和教书育人第一线，先后取得研究成果28项，获得省部级以上奖励18项，培育了16个山区开发治理先进典型，带动10万山区农民增收58.5亿元。参与开发的聚集土壤、聚集径流"两聚"理论，使邢台前南峪森林覆盖率达到90.7%，植被覆盖率达到94.6%。荣获"全国优秀共产党员""全国先进工作者""全国脱贫攻坚模范""改革先锋"等称号。

# 李保国："赶路"在太行山上

在路上，是他的生命状态。

整整35年，他的行走足迹始终印在太行山、绕着太行山、贴着太行山。匆匆赶路的身影，定格于莽莽太行、留在了太行百姓心中。

他叫李保国，共产党员，河北农业大学林学院教授、博士生导师。

1981年3月，23岁的李保国刚刚大学毕业留校，就随河北农业大学课题攻关组来到邢台太行山区，再也没有离开。

35年间，在"愚公移山"寓言传说地，李保国始终做着两件事：整地、种树。靠着科学和实干，让荒山石地变成良田，让太行果木成林、四季苍翠，让世代贫困的山区人民走向富裕。

太行山，是李保国行走的出发地和终点。这是他的自觉——

从他来到太行的那天起，就为自己画好了人生的行走线路；在长期与太行百姓的甘苦与共中，坚定了自己的生命轨迹。

深刻的缘分起于心、成于爱——他始终铭记，自己是一名共产党员！

### 带"初心"上路：哪里最穷最苦，哪里是家

八百里太行，巍峨神圣。

邢台县浆水镇前南峪村，是李保国在太行山区的第一个家。抗战进入最艰苦的相持阶段，中国人民抗日军政大学敌后总部曾驻此两年零两个月，这里的每一户百姓家几乎都住过抗大学员。为粉碎日寇残酷的"拉网大扫

荡"，当地百姓与抗大学员一起，写下了同仇敌忾、可歌可泣的悲壮故事。

然而，由于自然条件恶劣，几十年过去，太行山区人民依然贫困。河北农业大学课题组来到前南峪，就是为了考察建立产学研基地，以研究解决那里土壤瘠薄、干旱缺水、"十年九旱不保收""年年造林不见林"的重大难题。

"我是农民的儿子，看不得农民受苦。……太行人民为中国革命作出了巨大贡献，作为一名党员，有责任、有义务为太行人民脱贫致富做实事。"

在太行这片贫穷而光荣的土地上，李保国立下"初心"，开始奋斗。

后来，李保国妻子郭素萍作为课题组成员带着两岁的儿子也来到前南峪，岳母跟着进山照看孩子。一家4口挤在山上一间低矮阴暗的平板石头房里，一住多年，直到孩子上学。

多年艰苦的观测、爆破、实验，李保国主持的太行山石质山地爆破整地造林技术、"太行山高效益绿化配套技术研究"相继获得成功，核桃、苹果、板栗等经济林成活率从10%提高到90%以上，前南峪成为"太行山最绿的地方"，百姓开始过上了好日子。

"我得去别的地方，别的山里了。你知道我的脾气，我是哪儿穷往哪儿钻，哪儿穷往哪儿跑。"李保国这样对前南峪村党支部书记郭成志说。

像当年抗大学员告别乡亲奔向新战场一样，他挥别了奋战十多年的前南峪，赶往下一站。

1996年8月，一场特大暴雨把邢台市内丘县岗底村冲了个精光，他把家搬到了岗底。后来，把将要高考的儿子转到内丘县中学就读。在岗底，他培育出了被评为"中华名果"、北京"奥运专供果品"的富岗苹果。而今，岗底村年人均收入3.1万元，成为太行山区闻名的"首富村""小康村"，彻底摘掉了贫困帽子。李保国成了岗底村民心中的"科技财神""荣誉村民"。

20年后，岗底人还记得，这位大教授当年几经转车、自带被窝卷来到了村里，住的是山上的石板房。特困户杨群小更不会忘记，李保国对他说："你以后的幸福我包了！"

在太行山区，李保国不像个教授，更像个流动工，在前南峪、岗底等地做"长工"，又在各地打"短工"；哪里需要，就去哪里，住在哪里。常常是带瓶水、揣几个馒头就上山、进园了。年均200多天在外、4万公里的行车里程，记录了他无以为家、旅途为家、大山为家的生活轨迹。他的微信名，就叫"老山人"。

今年春节前，"老山人"回到了"第二故乡"岗底村，村民们很是开心，在村里的联欢会上，非得让他唱首歌。从来不会唱歌的李保国无法推托，为乡亲们学唱了一首《流浪歌》："流浪的人在外想念你，亲爱的妈妈。流浪的脚步走遍天涯，没有一个家……"

唱歌前，李保国说了几句话，好些乡亲听后掉泪：

"这么多年，我觉得自己一直在'流浪'，在太行山上'流浪'，我'流浪'是为了更多的人不流浪。我希望大家学到技术后，开发好家乡，不要再去外面流浪……"

### 让梦想"落地"：把最美论文写在太行山上

山区从事农业科研极为艰辛。

在前南峪研究爆破整地方法聚土截流，李保国冒着生命危险亲手制作土炸药，一次次亲自点炮、炸石；

在临城凤凰岭，为掌握核桃开花授粉的第一手资料，他在核桃林里从早到晚盯上一个月；

……

"老百姓脱贫需要什么就研究什么。"李保国的科研攻关目标始终明确。"山山岭岭都绿起来，父老乡亲都富起来，我的事业才算成功！"带着这个最大梦想和自我期许，李保国执着于脚下这片土地，志在"把最美的论文写在太行山上"。

30多年来，李保国先后完成山区开发研究成果28项，示范推广了36项标准化实用技术，示范推广面积1080万亩，应用面积1826万亩，增加农业产值35.3亿元，纯增收28.5亿元，10万山区人民脱贫致富……

近年，他又根据太行山气候特征，把苹果树形由纺锤形改成垂帘形，更加通风透光，果形更正、着色均匀；针对青壮年进城打工、年老体弱者留村耕种的现状，又推出了一次性整地、架黑光灯诱杀害虫等新技术，省工又省力……他用不断的创新，把最好、最实用的新技术带给老百姓。

在太行山，李保国不仅是学者，更是创业者。谁能为老百姓做事他就为谁打工，谁能带动一方百姓他就跟谁合作。

他在前南峪搞完爆破整地又搞经济林，一干多年，就冲着村党支部书记郭成志是全国劳模、为民办事的实干家。岗底村党总支书记杨双牛20世纪80年代就率领村民引种红富士苹果，有远见，有魄力，李保国二话不说把家搬到了岗底。临城"绿岭"集团开发薄皮核桃产业，可催生大批农民专业合作社，直接带动数万户农民受益，他带着团队开进了荒滩共同创业；红树莓对李保国来说十分陌生，但它当年可挂果，两三年就可丰产，每亩产值可达万元，可让太行人民快速脱贫，李保国开始了新的攻关……多年来，他先后完成了几十家山区开发样板。

推动农民向知识型、技术型、职业化转变，以"扶智"提升山区"造血"功能、彻底拔去"穷根"，是李保国坚持了几十年的课题。

这位穿得比农民还农民、脸膛比农民还黑的教授一次次爬上树梢，向果农演示剪枝疏果、枝接芽接……晚上也不闲着，经常在村委会、在村小学教室，用最通俗易懂的语言给果农作技术培训。每次讲课，他首先在黑板上写上自己的手机号码。

2016年1月27日，李保国（前左）在河北省内丘县岗底村向村民讲解果树修剪知识。（新华社记者朱旭东摄）

"就怕你们不找我呢，我24小时开机，我不烦。"他的手机里，存着四五百个农民的电话号码。30多年，他举办培训班800余次，培训果农、技术人员9万多人次。

2006年下半年，李保国去位于长野的日本信州大学作访问学者，那里是富士苹果发源地，拥有一流的果树管理技术，他赶紧让人给岗底村技术员杨双奎办理签证到日本学习，所有费用他给掏。

2010年，岗底191名村民通过考试获得果树工证书，成为全国第一个"持证下田"的村庄。这些村民开始走出太行山，当起了老师，在省内外传授果树栽培经验……

"把自己变农民，把农民变自己"——这是李保国感到自己做得最满意的一篇"论文"。

"我们村民和李保国一家什么关系？比家里人还亲！我从不叫他李教

授,都叫保国,这样才亲切。"前南峪老支书郭成志是太行山区与李保国结缘时间最长的人,谈及李保国,发出感慨。

### 携"本色"远行:精神穿越时空

35年间,中国社会经济发生巨变。行走风景,不复往昔。

在高校科研与市场经济结合日益密切、大学教授与"老板""公司"日渐关联之时,李保国行走如常、心无旁骛,穿行于纷繁嘈杂,不改"农民教授"本色。

"说是李老师来了,还没见着,人就上山了,跑得可快呢,谁都撵不上。穿个运动鞋,穿着大口袋衣服,里头揣着钢锯和剪刀。""园子谁家的,多少棵树,新树老树多少,家里几口人,他都说得出来,比谁都清楚。"……太行百姓眼里的李保国永远如此。

"乡亲们,要是治理失败,我把工资抵押这里""兄弟,赶紧雇人疏果吧,工钱我来出""要是套袋减了产,赔了是我的,赚了是大家的"……一次次,为推广新技术,他用自己身家作承诺、做"抵押"。就这样,同样的地,种活了树;同样的树,结出金果;就这样,农民听他的、信科学。

30多年来,他为农民提供培训服务从来都是无偿、免费,不收分文,甚至自己垫钱;他培育出多个著名果品,帮助农民和企业育出了大片苗木,自己和家庭没有挣过一分苗木钱;他把自己发明的山地节水灌溉系统专利,无偿送给一家农业灌溉企业,让他们推广出去,服务于民……

"通过我的技术,早一年进入盛果期,一亩地可以增收4000斤苹果,按一斤苹果卖两元算,一亩地就能增收8000元,多值啊!"这是李保国心里的"账本本"。

作为知名经济林专家,多年来,很多企业找李保国合作。他始终严守"约法三章":业务可做主;钱一分不收;不做一把手。前提是:成果可复制、可推广、可产业化，能带动农民致富。他所扶持、培育的几十家山区开发样板企业创造了可观经济效益，自己没有分过一份股份、拿过一分红利。

"不为钱来，农民才信你。不为利往，乡亲们才听你的。"李保国说。

30多年过去，时已逝，路已远，心依然。

李保国是河北农业大学林学院教授、博士生导师，担负为本科、硕士、博士生上课的繁重教学任务。

"李老师备课特别认真，课件时时更新，一有新的研究成果，立即带入课堂。"学生王磊说。

李保国对学生以严格著称：每个新招研究生一入学都会接到他开出的3年学习任务清单，每项都有详细要求和明确完成时间表；作实验记录时，要求必须用铅笔，为了更久保存；对论文要求特别严谨，一个标点都不放过……

本着"生产为科研出题，科研为生产解难"理念，李保国把讲台搬到了田间地头。他的硕士、博士生的专业学习、实习报告、毕业论文，都在田野乡间、太行山上完成，没有一人延期毕业；自设立国家奖学金以来，他的所有研究生都获得过国家奖学金，毕业时用人单位都抢着要。

严格的教学之外，是一个个感人细节——

贫困学生交不起学费，他把刚领的工资全掏了出来；

见到毕业多年的学生，他劝人家买房照顾父母，方便孩子上学，"钱不够我和郭老师给你凑"；

学生夜里一点多给他发去论文，他凌晨四点修改好传回；

他课件公开，研究成果公开，邮箱公开，密码公开，谁都能进，人人共享；

报成果，他把助理、学生往前推："我什么都不要了，以后我就给你们打工……"

"我们都是当面叫他老师，背后叫老头儿。他就是我们的亲人、我们的父亲，我们都是他的孩子。""李老师不仅是知识的传授者，更是我们

2009年11月29日,河北农业大学教授李保国生前带领学生实习。(新华社发)

人生的引路人。"这是李保国学生心中共同的回忆与财富。

心依然,身已损——几十年过去,李保国从小伙子变成了"老山人",长年奔波劳累,透支了他的身体,他患了严重的糖尿病、严重疲劳性心脏病,几度突发心梗。他的行走步履越来越沉重。

"回到家里,他连爬楼的力气都没有了,每晚自己给自己打胰岛素。"郭素萍说,"他知道自己的身体状况,他是怕时间不够,怕少帮了一个扶贫点,辜负一群人的希望。"

在医生、亲人劝说治疗休养无效之下,郭素萍所能做的,是尽可能陪李保国一起跑。

"路上,我给他接接电话,困了累了给他兑个咖啡,在盖子里调一调让他浆糊糊的喝了。实在不行了,强迫他在服务区休息十五分钟……"

2016年2月7日,农历腊月二十九,李保国夫妇从山里急匆匆赶回保定过年。上街买年货时,发现商店全关门了,恍然想起这个年是小年,没有年三十呢，只有跑到亲家家里吃除夕饭。

这是李保国的最后一个春节。

**为人民服务：赤子情怀铸就永恒丰碑**

4月10日，华北大地迎来新的一天。

大清早，李保国的手机照例又响了，太行山区老乡打来的。手机的主人无法接听、断无回音了。35年日夜奔波、辛勤劳作的行者，在太行山上永远消失。

4月12日，成千上万的群众从太行山区、从河北各地赶到保定，送李保国最后一程。他们不想告别，而是唤他回家！

……

不久前，笔者来到太行，寻找李保国的足迹，寻找"老山人"的身影，寻找这位共产党人的英魂。

"太行最绿"的前南峪早已成为国家级4A景区，岗底村建成了极具特色的"农业观光示范园"，临城绿岭已是全国最大优质薄皮核桃生产基地，南和贾宋镇成为全国最大红树莓种苗组培中心……李保国驻留过、指导过的任何一个地方，无不绿浪如海、果实累累、生机盎然。

这一幕幕，让人震撼于奇迹的创造，更感动、怀念创造奇迹的人。

前南峪，是李保国结缘太行的第一站。"黄河之滨集合着一群中华民族优秀的子孙，人类解放救国的责任全靠我们自己来担承……"走进前南峪，激情豪迈的抗大校歌回响耳畔。

在荒凉贫困的前南峪，李保国萌生了"科学报国"的"初心"与种子；沸腾先辈热血、承载世代百姓希望的太行山区，唤起了李保国作为一名共产党员、一名科技工作者的责任与使命——

"如果说六十多年前我们党的那场'赶考'是为了保卫好新政权、建设好新政权，让人民群众过上安稳生活。今天，作为一名高校科研人员，我的'赶考'就是要结合实际，做好自己的本职工作。"李保国这样说。

他的"赶考"从太行山开始，以35年永不止息、默默无声的"赶路"践行。无论走多久，他没有离开太行、离开乡亲；无论走多远，他心在太行、情牵太行；无论走多累，他倚着太行、枕着太行；无论事业多么辉煌，他忠诚太行、回报太行……他用毕生所能，实现着一个中国当代知识分子的报国之志，忠实履行一个共产党员的最高宗旨和神圣使命——全心全意为人民服务。

李保国生前获得过许多荣誉，但他最看重的是"优秀共产党员"这个称号。"共产党员先锋岗"的标牌，端放在他办公室最显眼的地方。

35年前，李保国第一次来到太行，是春天。35年后离开，也在春天。他与太行的春天结缘，与太行人民的希望牵手。

岗底村民王群书告诉笔者，2016年的苹果长得特别好，又是一个丰收年，"我们村种苹果只上复合肥和有机肥，李老师说过，我帮你们致富，你们要让消费者健康。可不能辜负了他！"这是村民们对李保国最朴素的感念。

让岗底村干部群众感到欣慰的是，李保国的一部分骨灰，将安葬于"第二故乡"岗底村后山上。他将永远和乡亲们一起，守望太行，守望丰收，守望幸福。

"乐以扶农，与之同甘苦。勤而敬业，凭其铸精神。心系民者，民亦爱之。连天绿海，永纪芬芳。"岗底百姓为李保国写下碑文。

这饱含人民群众对一位党的科技工作者崇敬、感激、缅怀的碑文将镌刻于石碑，立于太行山上，激励每一个共产党人为人民幸福、为实现中华民族伟大复兴梦想继续"赶路"、奋力前行。

# 【 人民楷模 】

## 都贵玛

　　都贵玛，女，蒙古族，中共党员，1942年4月生，内蒙古四子王旗人，内蒙古自治区乌兰察布市四子王旗脑木更苏木牧民。20世纪60年代初，年仅19岁的都贵玛，主动承担28名上海孤儿的养育任务，用半个世纪的真情付出诠释了大爱无疆，为我国民族团结进步事业作出重大贡献。20世纪70年代，都贵玛自学蒙医蒙药和妇产科知识，先后挽救了40多位年轻母亲的生命。荣获"全国三八红旗手""全国民族团结进步模范个人"等称号。

# 都贵玛：抚养"国家的孩子"的草原母亲

"不管什么时候、走到哪里，老额吉始终是我们共同的母亲。"2011年5月8日上午，内蒙古自治区四子王旗51岁的孟根其其格拎着一箱牛奶，来到69岁的都贵玛老人家中，祝她母亲节快乐、身体健康。

50年前，由于经济困难，国家先后把华东地区3000多名儿童和婴儿交给内蒙古牧民抚养，这些孩子被蒙古族牧民亲切地称为"国家的孩子"。当年仅有19岁的都贵玛，曾抚养过28名孩子1年多时间。

都贵玛回忆说，当年来到四子王旗的孤儿有28名，为让这些南方来的孩子逐步适应草原生活，在从呼和浩特把他们接回来之后，她们先在旗里集中抚养了6个多月，又在苏木（镇）上集中抚养了9个月，然后才慢慢让牧民接回家。

事实上，都贵玛自己也是一个孤儿，她4岁那年父母就去世了，一直由姨妈带大，因此都贵玛对这些孤儿有着一种特殊的感情。"根据我们蒙古族的传统，我们带着衣服给他们穿上，这意味着这些孤儿将在草原上重获新生。"

从一名尚未出嫁的19岁姑娘，一下子变成20多名孩子的"妈妈"，这让都贵玛感到有些手足无措。"最大的也只有五六岁，就像草原上的小羊羔一样，照顾他们吃喝拉撒睡、换尿布等等我都不会，只能一步一步地学。"都贵玛说，有一次，一个小孩爬窗户不见了，都贵玛着急地找遍了镇上各个角落，花了大半天时间才在水库边找到了孩子，后来好长一段时间想起来都后怕。

上图：在内蒙古四子王旗脑木更苏木乌兰希热嘎查，都贵玛（中）和女儿查干朝鲁（左）在她们居住的蒙古包前合影（都贵玛提供）。当时，都贵玛家里养着生产队的几百只羊，没有工资，每人每月分配的粮票只能买一些米和面。下图：2018年，在内蒙古四子王旗乌兰花镇，76岁的都贵玛（右）和女儿查干朝鲁（左）在自家楼下合影（新华社记者邹予摄）。2009年，都贵玛离开牧区，搬进了政府分配的楼房，面积有75平方米。如今家里四世同堂，查干朝鲁也离开牧区来城里陪伴母亲。（新华社发）

而在苏木集中抚养9个月的时间里,都贵玛更是一个人独力承担起了抚养这些孩子的重任。喂奶、喂饭、起居,几乎不分昼夜地同时照顾20多个孩子,让都贵玛忙得不可开交。"我们住在公社提供的一个大蒙古包里,晚上我睡中间,旁边都是孩子,很多时候晚上都睡不好觉,只能坐着看着孩子。"她忙得疲累不堪,要是有哪个孩子肚疼、腹泻、感冒发烧,不管深更半夜、雨雪天气,不管路途远近都要去找医生。有几次,数九寒天,她骑上马飞驰在雪原上,还被草原的饿狼追着跑。

在这样艰苦的条件下,孩子们仍然受到了最好的照顾,当时最好的食物和最好的药品都优先保证这些孩子,吃的有稀粥、奶粉、饼干等,没有玩具,都贵玛就经常带孩子们到草原上去摘花草、垒石块。

这样的经历使得都贵玛与孩子们产生了深厚的感情。集中抚养结束后,牧民们相继接走孩子。对都贵玛来说,每送走一个就会有一次骨肉分离般的心痛。而随着孩子们慢慢长大,虽然经历各不相同,有的成为公务员,有的是普通牧民,但回去看看望都贵玛老额吉成了他们数十年来持续不断的共同行动。

"无私地抚养给这么多远道而来、与自己没有血缘关系的孤儿,这是让我们刻骨铭心、一生难忘的母爱。"孟根其其格说,虽然很多人都到外地上学,有些人还找到了亲生父母,但几乎所有人都留在内蒙古、留在了草原,"我们要回报草原、回报无私的母爱。"

而对都贵玛来说,能够成为20多个孩子的"母亲",也是她一生最难忘的经历。都贵玛后来相继获得全国"三八"红旗手、全国民族团结进步模范个人、全国十大杰出母亲等荣誉称号,现在住在旗府所在地一套政府分配给她的70平方米的楼房里,生活无忧,有一个亲生女儿和两个外孙相伴,还有一大帮时常来看望她的"国家的孩子"。

"我感到非常自豪,母爱让我的生命变得充实而幸福。"都贵玛说。

2009年2月20日,都贵玛老人想念孩子们的时候就拿出相册翻看,回忆和孩子们在一起的时光。(新华社记者任军川摄)

# 人民楷模

## 高德荣

　　高德荣，男，独龙族，中共党员，1954年3月生，云南贡山人，云南省怒江州人大常委会原副主任，第十届全国人大代表。他是少数民族脱贫攻坚的带头人。在任期间，科学制定发展战略，突出培育"水电、矿业、旅游、边贸"为主的特色产业群，为当地经济社会跨越式发展作出贡献。退休后，继续驻扎在独龙江河谷，跑工地、进农家，千方百计打通了独龙江乡通往山外的唯一公路，实现独龙族整族脱贫，把党和政府的关怀送到群众家中。荣获"全国优秀共产党员""全国民族团结进步模范个人"等称号。

# 高德荣：大山深处"老县长"

清晨，"老县长"披衣出门，环顾寨子。

这是多年养成的习惯。每天起床，先出门看看寨子上空的炊烟。

云雾在群山间缭绕，山峰仿佛飘在空中。江水轻唱着向南奔去，水色透碧如玉。

独龙江美，独龙人勤劳。

39年来，为了尊严和梦想，他带领独龙族的乡亲们不懈奋斗，在党和政府的关怀下，在兄弟民族的支持下，把一个封闭、贫穷、落后的民族以崭新的姿态领进了21世纪。

他今年已满60岁，已经退休。但是，为家乡发展的这颗心，从没退休。

## 性　情

说起"老县长"，在云南怒江傈僳族自治州，几乎无人不晓。一位外地来的诗人写道："你的故事，街边的补鞋匠也能讲上几段。"

然而，笔者在独龙江边见到他时，丝毫没有感到诗意。

身高不到1米6，肤色黝黑，笑容憨厚，眼里透着几分精明，不主动看人，衣着举止土气。别说"县长"，看上去顶多是个"乡长"。

可他确实当过贡山独龙族怒族自治县县长，而且在7年前当选怒江州人大常委会副主任，副厅级，独龙人里最大的官。

之所以称他"老县长"，据当地干部讲，这样亲切，他喜欢听。

"今天要谈,就谈民族发展问题,其他一概不谈。"坐在桌子旁,他开门见山,调子很高,没有表情,空气中浮着一丝冷淡。

州委宣传部常务副部长稳宜金介绍,"老县长"不让宣传他,只是为了让独龙江引起更多关注,获得外界帮助支持,才勉强答应"配合"。

独龙江逶迤奔流,在巍峨的高黎贡山和担当力卡山脉之间,冲出一条深谷。江边狭小的河滩台地和山腰上,居住着古老神秘的独龙族。千百年来,这里的氏族部落刀耕火种、结绳记事、住茅草房,女子文面,山外人称其为"俅人"。新中国成立后,1952年,才有正式的族称——独龙族,原始山民一步跨入社会主义。

目前,独龙族在全国约有7000人,其中4300多人聚居在独龙江乡。

大山阻塞、景色秀丽、农耕渔猎、鸡犬相闻,多么像世外桃源!可是,奇绝风光,常在徐霞客笔下的"险远"之地。寒冷多雨,苞谷低产,独龙人生活困难,至今仍有一些人在吃救济和低保。

所谓现代物流,在这里还是神话。1964年,政府在高黎贡山上开出一条人马驿道;直到15年前,才修起连通外界的盘山公路。至今,独龙江乡每年仍有大半年时间大雪封山,形同"孤岛"。这期间,独龙人最怕得重病,有些妇女连怀孕都要算计时间。

"独龙族发展不起来,把我宣传得再好,我也没面子。"他看着笔者的眼睛,认真地说。

在后来的接触中,笔者感到,他把"面子"看得很重很重。

"戴着落后的帽子,很不光彩。没有共产党,没有兄弟民族,就没有独龙族的今天。"

"一个民族,必须对国家和兄弟民族有贡献。老是伸手,抬不起头。"

据当地干部讲,"老县长"虽然把独龙族的落后挂在嘴边,但别人不能提,听了他会生气。

笔者小心翼翼,生怕哪惹着他而中断采访,但他的手机铃声不时响起。

他用"滇普"或独龙语与人谈事，采访还是不时被打断。后来，他干脆站起来，不辞而别。见笔者跟进里屋，有些愠色："采访到此结束。"

笔者看他往手上倒了好多种中药和西药，一仰脖全吞进嘴里，正想劝他这样吃药不好，他转脸嘿嘿一笑，幽默了一把："没事，这叫中西医结合。"

稳宜金是白族干部，和"老县长"在贡山县班子里共事多年，双方引为至交。他安慰笔者："他是有点'硌'，有时和我们吵得凶，但只要是工作，他回头会表示友好，会主动找你开玩笑。"

"老县长"名叫高德荣，曾当选第十届全国人大代表，代表独龙族到北京开过会。

笔者很想搞清楚，为什么他有这么高的威望？

听说当天笔者恰巧生日，他立刻变得友善起来，吩咐老伴去自家池里捞两条鱼。"你远道来，按独龙族风俗，晚上为你庆生，咱喝两杯。"看着笔者，目光温暖。

大山里的人，心眼直，也很热。

## 归 根

"辞官"回乡，人们一般只是想想说说而已，但高德荣真这么干了。

也不是彻底不想当官。方便为群众做事、有利于地方发展，官还是会当的，只是不想要当官的派头、地位和待遇。

2006年，高德荣从贡山县县长任上，当选州人大常委会副主任。到州府六库上班的第一天，他就把办公室钥匙交了出来，向组织提出回独龙江乡工作。

"独龙族同胞还没脱贫，让我把办公室搬到独龙江去吧！"他申请说。

后来，他争取到了兼任州委独龙江帮扶领导小组副组长的差事。7年前的一个夏日，时年53岁的他回到独龙江。

办公室就是他在江边简陋的家。退休的老伴也跟来了,成了"'老县长办'的勤杂人员"。

他从不喜欢待在办公室,就喜欢下乡。路上、寨子里、火塘边、工地上、树荫下,都是他的办公场所。

"官已经当到头了。我如果连几千人的事都管不好,怎么好意思去当更大的官";

"独龙族人口再少,也是祖国大家庭里的一员。独龙族贫穷落后,我对不起党和政府,对不起百姓,也对不起自己";

……

话听上去有些耳熟,但结合他"人往低处走"的做事风格,感觉真诚。

外地人可能不清楚,州府六库现在还不通飞机、铁路,怒江州是全国最边远的地州之一,而独龙江乡又是怒江州最边远的乡。

2010年5月29日,高德荣(右一)不顾塌方危险,冒雨率领驻独龙江帮扶工作队员徒步查看乡村公路。(新华社王靖生摄)

从六库去贡山县城，沿着怒江边狭窄的公路，开车最快也得 6 小时，弯弯曲曲的公路容易让人晕车；再从县城去独龙江乡，要翻越海拔 3300 多米的高黎贡山垭口，开车最快也得 4 个小时，其中要经过约 23 公里的盘山"搓板路"，颠得让人胃痛。封山期间彻底不通车。

独龙江闭塞，过去交通靠走，传递消息靠火炮。天气阴冷潮湿，蚊虫多，旱蚂蟥吸血吃个饱。以前物资匮乏，苞谷不够吃，要挖野菜补充。"老县长"的身高，或许与他年少时营养不良有关。

相比独龙江，六库可是个"超大都市"。但走出去的人，很少有回头的。在六库站住脚跟，是山里人的梦想，甚至是人生成功的重要标志。

"老县长"不看重这些。

年轻时，他已有过一次主动返乡工作的经历。

18 岁那年，高德荣考上怒江州师范学校，背着行囊踏上人马驿道，走出大山，人生大道从此在脚下铺开。1975 年，毕业留校，走上校团委书记岗位。意气风发的年轻人，前程似锦。

然而工作 4 年后，他递交了一份申请，请求调回独龙江乡教书。

"一个民族要发展，没有文化不行。我受党的培养，读了书、明了理，独龙江需要我，所以我就要求回来了。""老县长"解释道。

那次回乡，在乡里一"猫"就是 10 多年。教书育人、异常清苦。后来，基层工作急需有文化、情况熟的少数民族干部，根据组织安排，高德荣又走上了"仕途"。

"在独龙江苦不苦？""我的幸福指数很高啊！"他咧嘴笑道："在这里我心里很踏实、很舒服。看到民族进步，我就快乐幸福！"

一个人如果有坚定的信念，就会有坚持的理由。由此，会变得坚忍、执着、独立、无畏。

"官当得够大了，如果不为人民做点事，活着的时候群众不要你，死了以后，马克思也不要你。"他说。

看着这位特立独行、像农民一样的老人,笔者不由从心底生出几分尊敬来。

老家是"根",老乡也是"根"。"老县长"脸上的皱纹,有点像高黎贡山上的珍稀植物大树杜鹃,树皮斑驳,但这种树树形苍劲,根扎得很深,花朵绚丽。

## 火 塘

独龙人家的"客厅"里,有一个火塘,大家围坐着烤火、说话、喝茶,有时还会喝点自酿的酒。火焰跳跃,水壶"吱吱"冒着热气。

"老县长"喜欢看火苗。家乡,就是这种柴火燃烧时散发出的暖暖的、有点呛人的味道。

2014年12月8日,高德荣在独龙江乡家中的火塘边接待来访者。(新华社记者王长山摄)

"冬天,我们独龙人就烤火。"他邀请笔者到他家坐火塘,只见他不时添柴火,给水壶续水,拨旺火苗。

在迪政当村雄当小组李文仕家的火塘边,"老县长"也不时地往火塘里添柴火。

"还有什么困难?发展上有什么想法?"

"吃的穿的都有,明年还想多种点草果。"

迪政当村离乡政府约30公里。年近七旬的李文仕说,"老县长"经常来,一来就一家一家看,坐东家火塘,看西家牛圈。最偏僻的人家,他都要去,大家都熟悉他,他也熟悉大家。

"老县长"不仅关心群众脱贫致富,也挂念群众眼前的实际困难。

一次,又要下乡。驾驶员把车子发动,等待他上车。"老县长"却搓着手,来回走。后来,他一副打定主意的样子,对屋里的老伴马秀英喊道:"老婆子,没钱了,给拿点钱。"

马秀英知道这钱又要送给困难群众,一边拿钱一边嗔怪道:"你是为大家挣工资哩。"

在同事们的印象里,"老县长"的工资大部分用在了接济群众。每次下乡,汽车后备厢里都装着给困难户的大米、油和腊肉等。每送到一家,他都会说:"这些东西和钱,不是我老高送的,是共产党关心我们少数民族,上级让我送来的。"

"我们全家都是拿工资的,我家脱贫了,但独龙族还没脱贫。""老县长"说。

"有空慰问群众,就是没空'慰问'一下家人,陪陪我们。"女儿高迎春说。

儿女到了谈婚论嫁的年龄,高德荣并没有去张罗。他老早就说,婚礼的事必须靠自己,不准大操大办,不准以父母名义请客。

儿子高黎明在贡山县考公务员,连考3年才考上。有人说你父亲是州领导，给你安排个工作不难吧。但"老县长"只说了一句话："好好用功，多看看书。"

后来，高黎明结婚前带未婚妻去昆明拍婚纱照，当时知道父亲也要去昆明，可犹豫再三，还是没敢开口提出搭车，而是挤了一天长途汽车去省城，拍完照又坐长途汽车回来。

在贡山县城有一幢破旧的四层老楼，高德荣的家就在其中的一套单元房里。面积约 46 平方米，家具老旧，屋里没有卫生间。不是亲眼所见，笔者不敢相信这是一位厅级干部的家。

多年来，高德荣一家就住在这里。它也是独龙江乡亲到县城办事、读书的"接待站"。高迎春告诉笔者，屋里有时打地铺睡十几个人，下脚的地方都没有。现在高黎明一家还住在里面。

州里多次提议在贡山县城给"老县长"调大点的房子，但他坚辞，也没拿过补贴。"贡山穷，住房紧。我又不是什么金贵人，住习惯了，让别的同志先改善吧。"即使到州里工作，他也没要六库的房子。

他极不愿意谈自身经历和家事，每当笔者提起家里人对他的看法时，他总是用"对家人是应该好一点"之类的话搪塞过去。但对老百姓好，他不含糊。

2005 年冬，贡山暴雪。2 月 18 日，他带工作组沿独龙江公路察看各村灾情，到半道时，雪崩路断。高德荣说："看来路一时无法抢通，双拉娃村的情况我们一无所知，干等不行，走着去，今天无论如何要赶到。"

在深雪里蹚了三个多小时，天擦黑时，一行人终于抵达双拉娃村。刚到村口，就听见有人喊："县长带人来了！县长带人来了！"

乡亲们闻声，纷纷跑出家门，不少人拉着高德荣的手哭了。

独龙人家的火塘，给人暖暖的感觉。"老县长"就像长辈，和他一起，也有这种感觉。

## 心 念

大山能遮挡人的视线，但遮不住人的眼界。在他看来，独龙人要追赶，"远"靠教育，"近"靠产业。

他的睿智和兴奋点，从他的眼神里就能感受到。

"独龙族再不能出文盲和穷人了。"一提起教育，他话就多。

"独龙族必须提高科学文化素质，要具备和外界交流的能力，不然即使脱了贫，迟早会返贫。"

第一次回乡工作时，他就在母校巴坡小学教书。

20世纪70年代食品配给不足，加上缺衣少穿，每年都有一些学生辍学。为留住学生，每年封山后，他都会冒着严寒，天天跑到乡物资调配员那里软磨硬泡，只为给学生争取十斤肉。看着学生们吃肉，他却在一旁悄悄抹泪。

当乡长后，高德荣一心惦记村民子女的教育。

他曾特地赶到迪政当村一户困难群众家里，掏出两百元钱递给男主人，说："生活困难是暂时的，孩子没文化是一辈子的，要让娃儿读书。"又走到孩子面前，掏出自己仅有的一支钢笔递给他："娃儿，这支笔送给你，好好读书，将来走出独龙江。"

这个男孩接过笔，紧紧攥在手里。转眼20多年过去了，他已成家立业，在贡山县城参加了工作。当年的那个下午，他记了20多年。

阿利英，一户村民的大女儿，读小学二年级时因贫辍学。高德荣知道后，资助了她家一笔生活费，孩子复课以后，还不时接济这个家庭，勉励家长一定要让孩子读书，将来好走出独龙江。现在，阿利英已读完初中，她最大的梦想是以后考上大学，对得起"老县长"。

当地干部说，"老县长"是一个"矛盾体"，总是鼓励别人走出独龙江，而自己却往独龙江钻。

在高德荣和当地干部努力下，在外界关心支持下，独龙江乡教学基础设施不断改善，教学质量进一步提升，适龄儿童入学率100%。

一说起发展民族产业，"老县长"话更多。

"独龙人不能靠挖石头、砍树致富，不能破坏这片青山绿水，它属于国家。光种苞谷也解决不了问题，要搞符合地方实际的产业。"

独龙江峡谷沟壑纵横，森林覆盖率达97%，是国家级自然保护区。

什么才是他说的产业呢？经过反复考察，他盯上了一个当地从没种过的产品——草果。

草果是一种调味料，贴地生长，喜阴，适合在林下种植，易成活，少病害，好管理。现在产地收购价每公斤10元左右，群众在房前屋后、河边山上、草间树下大规模种植，有的人家一年收入达十几万元，祖祖辈辈没见过这么多钱。

撼观念难于撼山。曾经，一些村民不相信这种红彤彤的小果子能发家。为此，"老县长"第一个"吃螃蟹"。

图为2013年3月13日，独龙族群众在高德荣指导下制作出的传统蜂箱。（新华社王靖生摄）

"做一堆计划,不如做一件实事。"在离乡政府几公里远的独龙江畔,他建了个培训基地,房前屋后种满了各种"宝贝"。他自己育草果苗,一边试种,一边请专家指导,先取得经验。

如何推广,他有两招:一是经常杀猪宰羊,免费提供吃住,吸引村民来学;二是送苗。

巴坡村的木利光55岁,种草果5年。他回忆说,自己年龄大些,学得慢,去"老县长"的基地学了10多次,还拿回许多苗。"有这样的好事,我们当然感激他。"木利光说。

在高德荣等的推动下,独龙江乡的草果种植面积已逾4万亩。乡里的第一个企业——草果烘焙厂也已建成投产,开始向深加工要利润。

现在,重楼、中蜂、独龙牛、独龙鸡、漆树、蔬菜等一批特色生态种植养殖项目在独龙江边发展壮大。

"老县长"越说越兴奋:"以后要建'绿色银行',独龙人需用钱,都到山上取。"

他畅想,独龙江生态好,今后在保护的前提下,发展生态旅游业,也就是"有品位的旅游业。"

"加快独龙族产业发展再也等不得了。"他一挥手,"一万年太久,只争朝夕!"

## 尊 严

2014年4月10日,天刚放亮,"老县长"就按捺不住内心的激动,招呼大伙上山采野杜鹃花。因为这天是高黎贡山独龙江公路隧道实施"最后一爆"的日子。

"轰隆隆"的炮声响起,中午时分,隧道全线贯通。在欢呼声中,"老县长"灿烂地笑着,把一束束杜鹃花插在工程建设者胸前的口袋里。

这一天,"老县长"和独龙江人等了很久,也努力了很久。

要冲破大雪封山,办法就是在高山雪线以下,在较低海拔处打一条长6.68公里的隧道,并对通乡公路进行升级改造,使路面避开冰雪困扰。

独龙江穷,贡山县财政也很困难,只能靠国家和各级各部门支持。为此,他没少奔波,一有机会就呼吁。

"我坚守独龙江,一个很重要的原因就是人在现场,这样我说的话别人会信。"

与贡山县、独龙江乡和独龙族同胞生产生活方面有关的项目,他从来都是"壮着胆子、厚着脸皮",上省城、跑北京。有一次,在北京一主管部门的办公室里,一连"泡"了7天。

他的逻辑是,国家那么大,怒江、独龙江那么远那么小,上级很难了解真实情况,向上反映情况是当干部的职责。

2014年12月6日,高德荣在一户独龙族群众家走访。(新华社记者胡超摄)

他的另一个逻辑是，党和政府、全国人民关心支持少数民族地区发展，少数民族自己也要争气，把生产搞好，加快发展，不掉队，不拖后腿，不给国家抹黑，用行动来表达感恩。

如今，独龙江通村公路通了，桥架起来了，移动通信、广播电视、卫生院、中心校、银行等基础设施一应俱全。全乡主干公路总里程已达140多公里。

"老县长"不无得意地说，过去要跑完所有村组，步行要64天，现在开车只要1天，"工作效率提高了几十倍"。

每当干部群众称赞他贡献大时，"老县长"总说："不是我能干，是共产党对我们少数民族好！"

"老县长"坐不住，总在干这干那。他说："人活着就要做事。不然生命没意义。"

行车时，如果看到路上一块落石，他会第一个跳下车，"我来搬"！过去他多次和丙当村小组护林员木新荣一起巡山，用砍刀开路，啃干粮喝冷水睡防雨布。

就连饭桌上，他也最忙。有了"过生日"的交情，他对笔者亲热了许多，不停为笔者夹菜。当笔者准备为他夹菜时，他调侃道："不要不要，你走后也没人给我服务，习惯了就麻烦了。"说完，顽皮地大笑。

### "阿角朋"

相传，从前独龙人食不果腹。这时，一位叫"阿角朋"的巨人，走到哪里就在哪里平整土地，收集山林间的野果等种子，沿独龙江河谷一路播撒，长出果实供人食用，自己最后累死，融入大地。

"你像'阿角朋'吗？"

"不像，我要向他学！""要说有，共产党和兄弟民族，才是我们独龙人的'阿角朋'"。

在他家的火塘边，他讲了自己的一次经历。1975年，一把火烧掉了独龙江乡政府所在地的许多房子，还有从附近5个县刚刚抢运进来的全部过冬物资。眼看大雪就要封山，冬天可怎么熬啊！许多人失声痛哭。

接到报告后，党委政府立即组织抢运，干部、群众、军队紧急动员，骡马不够，就人背肩扛。

"马上要下雪了，山路上全是运粮的人，连当时的州长、军分区司令和政委，每个人都分到了背粮的定额，大家打着火把翻越高黎贡山。"忆往事，"老县长"眼睛有点湿润，"相同的事，1992年又发生过一次。"

"你说，共产党对独龙人好不好？共产党的干部好不好？"他凝视着笔者，当然不是在等答案。

进入新时代，党和政府整乡推进、整族帮扶战略实施，独龙江乡又发生巨变。峡谷里，一幢幢"别墅式"农家小院映入眼帘，私家车开上了柏油路，不少独龙人用上了手机，家里用上了宽带、电脑、太阳能热水器。"老县长"

2014年12月6日拍摄的高德荣。（新华社记者王长山摄）

晃着手机说:"过去看报是月报,看刊是年刊,现在中央一决策,我们马上就能知道。"

"老县长"情感丰富,喜欢写歌词。他曾写道:"丁香花儿开,满山牛羊壮,独龙腊卡的日子,比蜜甜来比花香。高黎贡山高,独龙江水长,共产党的恩情,比山高来比水长。"

……

每个人对生命价值的理解不同,对幸福快乐的体验也不同。在告别独龙江时,看着眼前这位送别的老人,笔者联想到,虽然他比实际年龄苍老,身躯不再挺拔,但他是真正的共产党人,一位当代"阿角朋"。

# 勋章
## 共和国不会忘记

GONGHEGUO
BUHUIWANGJI

# 民族团结杰出贡献者

## 热 地

　　热地，男，藏族，中共党员，1938年8月生，西藏比如人，全国人大常委会原副委员长，第八、九、十届全国人大代表。他长期担任西藏自治区党委重要领导职务，先后配合6位自治区党委书记（第一书记）工作，积极维护班子团结和主要领导同志威信，参与西藏自治区稳定与发展各项重大决策的研究和实施，就西藏稳定与发展的若干重大问题提出观点和意见。他几十年来为西藏发展、和谐稳定、民生改善倾注了大量心血，付出了巨大努力，赢得了西藏各族人民的爱戴和尊重。

# 热地：从农奴到共和国领导人

2015年8月14日，热地接受新华社记者专访。（新华社记者觉果摄）

热地，是西藏几十年沧桑巨变的历史见证人。

作为共和国历史上第一个农奴出身的全国人大常委会副委员长，从西藏农奴到国家领导人，他是西藏发展变化的见证者、参与者、推动者，他的身上浓缩了西藏各族人民命运的变迁。

他曾经说，自己和家乡西藏是水和土的关系，离不开，因为这里的土地养育了他，这里的人民养育了他。

2015年8月24日至25日，中央第六次西藏工作座谈会召开。热地高兴地表示：西藏，明天会更好。

## 西藏传奇：从农奴到共和国领导人

热地身上有三处伤痕，犹如历史的烙印。

第一道伤痕，是右脚的小脚趾，小时候做农奴放牧时冻坏的，到现在还是变形的；第二道伤痕在腿上，是少年时代乞讨时被牧主家的狗咬伤的。

谁能想到，一个曾经在生死边缘挣扎呼号的农奴，能够成为国家领导人？

1938年8月，热地出生于西藏那曲比如县一个贫苦牧民家庭，出生之后就没见过父亲，从小跟随母亲，居无定所，乞讨为生。他给部落头人、牧主、活佛当过佣人，在寺庙里当过"小扎巴"……

农奴命如草芥。热地记得，给头人家的孩子当"马"，嘴里塞上绳子，抓着头发，打鞭子，让他爬，嘴巴经常被勒得鲜血淋漓。他的一个弟弟，活活饿死在母亲怀里……

"旧西藏延续了几百年的封建农奴制度。这是人类历史上最黑暗、最反动、最野蛮、最残酷的社会制度，比欧洲中世纪的农奴制度有过之而无不及。"热地说，时间已证明一切，分裂势力还想把西藏带回到以前，怎么可能？谁会答应？

1959年，热地21岁，这是他，还有无数藏族同胞命运的拐点。

这一年，西藏进行了民主改革，百万农奴得以解放。热地在解放军和工作组的动员下，来到北京中央政法干校学习。

年轻的热地，学会了说汉语，写汉字。初学汉字时，对"毛""共""解"三个汉字记得最清楚——毛主席、共产党、解放军。

在那里，热地明白了一个道理：命不好，是因为剥削、压迫造成的，并不是命运的安排。

1975年，热地从那曲地委书记调任为西藏自治区党委书记（当时设有第一书记），在自治区领导岗位上一干就是近30年。

2003年3月，热地在十届全国人大一次会议上当选第十届全国人大常委会副委员长。一个西藏农奴，在时代巨变与自己的努力下，完成了当代传奇。

热地身上的第三道伤痕，是1988年留下的。

1988年3月5日，拉萨发生大规模骚乱事件。当时热地和中央工作组被围困在大昭寺三楼上。寺外的武警在窗户上用消防车搭梯子，再用部队的背包带把被困人员往外解救。热地拉着背包带下滑时，突然背包带断了，他从空中重重地摔在石板地上……到现在他的腰还经常疼，手上留下了伤疤。

热地经历过多次西藏骚乱事件，他说："50多年来，在西方敌对势力支持和纵容下，达赖分裂主义集团在西藏多次掀起大规模骚乱。实践证明，我们同达赖集团的斗争是长期的。对达赖，决不能抱有任何侥幸和幻想。"

## 西藏巨变：一条与西藏命运交织在一起的天路

2006年7月1日，青藏铁路正式通车。7月21日，在中央的安排下，热地乘专机由北京抵青海格尔木，然后从格尔木坐火车到拉萨。

"这是一段美好回忆，自豪、激动和由衷的高兴。"接受新华社记者采访时，热地回忆坐火车回到拉萨，热泪盈眶。

回忆起旧西藏的路况，他说："1951年12月，十世班禅大师第一次进藏。从青海西宁出发，前后共行程2000多公里，历时5个多月。出发时，雇了3000多峰骆驼和7000多头牦牛，但到达后骆驼就死了三分之二，牦牛也死了不少。"

旧西藏现代交通完全是一片空白，严重影响了西藏同外界的交往，制约、阻碍了西藏的发展和进步。

路，是西藏巨变的一个缩影。热地喜欢一首关于青藏铁路的歌中唱道："这是一条神奇的天路……"

这条天路，是西藏各族人民盼望了半个多世纪的一个梦想，也是热地不懈努力终于实现的一个梦想。

热地亲眼看到，早在20世纪50年代，党和国家领导人就想修通进藏铁路，但因技术难题无法克服等而被迫中止。进入新世纪后，我国综合实力增强，青藏铁路于2001年开工，仅用5年时间就全线建成，成为世界上海拔最高的高原铁路。

热地说："青藏铁路是当今世界最宏伟的工程之一，是中国共产党在地球之巅上立起的一座历史丰碑！"

青藏铁路的通车，极大地促进了西藏的跨越式发展，推动了西藏社会的全面进步。2015年7月1日，青藏铁路开通9周年，已累计运送货物40483万吨，运送旅客9100多万人次；仅2014年，西藏就接待国内外游客1500万人次，实现旅游收入200多亿元，这其中青藏铁路作出了巨大贡献。

"西藏各族人民把这条铁路叫作通向富裕、幸福生活的天路。"热地感慨道。

在热地的老家，藏北比如县，过去没有一条公路，交通运输全靠人背马驮。现在比如县公路四通八达，全县百姓拥有小汽车、货车等各类交通工具将近2万辆。"比如县半个世纪的发展，就是新西藏发展历程的一个缩影。"

### 西藏纽带：汉藏一家亲，浓情一生缘

热地第一次跟中国共产党接触，是在1951年西藏和平解放时。当时

热地在头人家当佣人,解放军让他感到了从未有过的温暖。

1961年10月,热地加入中国共产党。他说,没有共产党,西藏不会解放;有了共产党,西藏会发生变化。

参加工作后,热地常说"到北京讲西藏话,回西藏讲北京话",他希望自己成为一座桥梁,告诉中央西藏的困难和真实的情况,同时把党和国家的关怀带回藏区。

2015年是内地西藏班开班的第30个年头。作为新中国成立后第一批到北京接受教育的藏族人,热地一直关心着西藏内地班(校)的建设和发展。原北京西藏中学校长李士成清楚地记得,北京西藏中学成立20周年时,热地还亲自来到学校看望师生。

接受采访时,热地一再提到"援藏"二字。

他说:"中央关心西藏,全国支援西藏"充分体现了社会主义制度的优越性,显示了全国各族人民大团结的伟大力量。

援藏工作贯穿了西藏和平解放、民主改革、成立自治区以来的各个历史时期,涵盖了整个西藏各领域、各条战线的工作。

热地说,一批批在藏工作的汉族同志,创造了"特别能吃苦、特别能战斗、特别能忍耐、特别能团结、特别能奉献"的老西藏精神。改革开放后的几十年,又不断注入新时代内涵,特别讲忠诚,特别能创新,特别能担当,成为新时期共产党人突出的特点。

## 西藏未来:期待更美好的明天

2003年夏天,在即将离开西藏前往北京赴任时,热地流泪了。他说,生活在这120多万平方公里土地上的各族父老乡亲永远会是他的情之所系、心之所向。

虽然远离家乡,但热地每天都会看《西藏日报》。他笑言:"在北京时,西藏每天的新闻都不会漏掉。这比我在西藏时的频率还高。"

2008年3月，热地从十届全国人大常委会副委员长岗位上卸任，但他依然关心西藏，关心那片土地的发展和人民的生活。

2015年4月25日尼泊尔8.1级地震发生后，热地时刻关注着西藏的受灾情况和抗震救灾进展，牵挂着灾区各族群众。5月8日，他还专门致信西藏自治区党委、政府，表示慰问和哀悼。

"此次地震重灾区都是边境县，我曾经去过多次。那一带高寒缺氧、地质复杂，开展救援工作十分艰难。在灾情如此严重的情况下，抗震救灾工作能取得如此成绩，来之不易，这是党中央、自治区党委政府坚强领导的结果，是多方支援、众志成城的结果。"热地说。

热地回忆了旧西藏地震后受灾群众无人过问、反遭盘剥的悲惨景象，说："只有在中国共产党领导下，在社会主义祖国大家庭中，西藏各族人民才会有信心、有能力战胜任何灾害，重建美好家园。"

年近耄耋，热地每年依旧往返于北京和西藏之间。提到西藏的变化，老人的眼中充满喜悦。

热地说，在以习近平同志为核心的党中央领导下，当前的西藏政通人和，百业俱兴，人民群众安居乐业，呈现出一派欣欣向荣的新气象。

"半个多世纪以来，西藏从黑暗走向光明，从落后走向进步，从贫穷走向富裕，从专制走向民主，从封闭走向开放。"热地感慨万千。

他说，他坚信，在党中央领导下，在全国人民大力支援下，西藏人民一定能够不断开创稳定发展的新局面。

# "一国两制"杰出贡献者

## 董建华

　　董建华，男，汉族，1937年7月生，浙江舟山人，全国政协副主席，第八、十、十一、十二、十三届全国政协委员。他是香港特别行政区首任行政长官，为贯彻落实"一国两制"方针和《中华人民共和国香港特别行政区基本法》作出重要贡献。他带领特区政府和香港各界人士，成功抵御了亚洲金融危机、外部经济环境变化以及"非典"疫情等带来的种种困难，妥善处理诸多复杂的社会政治经济问题，维护香港的整体利益，维护国家的主权、安全和发展利益，为香港顺利回归与平稳过渡和"一国两制"成功实践作出重大的历史性贡献。

# 董建华:"一国两制"的践行者和捍卫者

2019年7月31日,董建华在香港出席团结香港基金午餐会。(新华社记者李钢摄)

2019年9月29日,人民大会堂金色大厅。礼兵持枪肃立,国徽熠熠生辉。

满头白发的董建华走上颁奖台,接受中共中央总书记、国家主席、中央军委主席习近平颁授的"'一国两制'杰出贡献者"国家荣誉称号奖章,全场响起热烈掌声,向这位矢志不渝维护国家的主权、安全和发展利益,为香港顺利回归与平稳过渡和"一国两制"成功实践做出重大历史性贡献的老人致敬。

## "这个奖不是颁给我个人的"

1997年6月30日午夜至7月1日凌晨,香港政权交接仪式在香港会展中心新翼举行。董建华和国家领导人一起站在主礼台上,迎接香港的新生。忆及那神圣的时刻,董建华仍禁不住心潮激荡:"看着英国国旗降下来,中国的五星红旗冉冉升起,我一个60岁的中国人,盼望着,感动着。"

香港回归前,关于香港特区首任行政长官人选问题成为世人关注的一个焦点,因为这将是百年来,第一位肩负治理香港重大责任的中国人,也是实践"一国两制"、"港人治港"、高度自治的第一人。

董建华坦言,当很多人动员他出来参选时,他考虑了很久:"我反复问自己,要不要站出来,是否有信心、有能力参选并担任第一任行政长官?"最终,是使命感、责任感让他决定参选:"我董家四代在香港,对香港有感情,我希望参选可以实现自己为香港、为国家做点事的愿望。"

1997年7月1日凌晨,董建华在就职仪式上说:"我们的信念如此坚定,不仅是因为这个构想出自一位爱国者和政治家的睿智和远见;不仅是因为这是一个伟大国家的庄严承诺;也不仅是由于香港同胞秉承了中华民族的智慧、勤劳和特有的适应能力。最重要的是:'一国两制'的事业,完全掌握在我们中国人自己手里。"

他深知,"一国两制"是一项未有先例的伟大工程,是一个不可以失败的事业。所以,他只有勉励自己:"每天、每天,努力、努力地工作。"

在国家隆重授予他国家荣誉称号之际,这位82岁的老人落泪了,他说:"很感动!感谢国家给了我这样崇高的荣誉,这个奖不是颁给我个人的。"在董建华看来,国家一直关心香港发展和落实"一国两制",其成功实践更离不开广大港人的支持。"绝大多数港人都清楚地认识到'一国两制'对于国家、对于香港的重要意义,并在落实过程中经常提醒自己,有了一国,才有两制,这也是'一国两制'在香港取得成功的重要原因。"

2017年5月24日，在香港回归祖国20年之际，董建华在香港接受新华社记者采访。对香港回归那历史性一刻，他记忆犹新，称之为"人生最难忘的时刻"。（新华社记者陈晔华摄）

## "笑迎着大时代来临"

记者采访董建华时，他拿出了一张发黄的照片，是他两岁时父亲为他拍的照片。下面写着父亲题的一行字：笑迎着大时代来临。

这张照片是父亲董浩云对他爱国教诲的见证："我父亲是爱国者，在我成长的过程中，他总是对我讲，你看着，中国会越来越好。1939年，在我两岁的时候，在位于上海建国西路的家门口拍了张照片，他给我题了一句话——笑迎着大时代来临。我不懂，然后他每年都跟我解释，经常跟我讲国家的事情，说一个大时代要来临了，你长大了有机会参与到这个大时代里，要争气啊，要争气！他觉得新时代要来了，中国人很勤奋，中国一定会好起来。"

出生于1937年7月7日卢沟桥事变当日的董建华，自幼便在民族危亡之中接受爱国教育。浓厚的家国情怀让他始终把国家利益放在首位。

担任香港特区行政长官期间，董建华共发表过 8 份施政报告，这 8 份报告虽各有特色，但无一例外地提倡认识祖国，鼓励以做中国人为荣。回归以来，香港社会并不平静，特别是近几年来出现了一些触及"一国两制"原则底线的事件。在这些影响香港发展的重要事件中，董建华总会第一时间站出来坚定地发声。

对香港社会出现"港独"声音，他不断重申，"香港是中国不可分割的一部分，任何危害国家主权安全，如提倡香港独立等行为，决不能允许。"

在 2019 年 6 月以来的香港修例风波中，董建华更一次次站出来，谴责暴力乱港，坚定支持特区政府依法止暴制乱。

2015 年 4 月 29 日，董建华在香港会见记者。（新华社记者吕小炜摄）

"对我们这一代人来说，爱国是天经地义的，也是家传的，"但这份情怀怎样才能传承下去，他对此倾注极大的心血。"一百多年殖民统治的影响，不是那么容易消除。所以，年轻人的历史传统教育就非常重要。这个过程，是需要人去做的。只有读过了历史，我们才会明白，中国最近几十年的高速发展所取得的成就是多么了不起！"

### "香港好，国家好；国家好，香港更好"

董建华以他对"一国两制"的践行和捍卫，赢得了香港各界、祖国内地及国际社会的普遍尊重和赞誉，他也因此成为"一国两制"实践中，团结爱国爱港力量的一面旗帜。

董建华有一句名言："香港好，国家好；国家好，香港更好"，朴素的语言强调了香港与国家唇齿相依的关系。

董建华指出，中央自始至终着眼大局，确保"一国两制"在香港得到全面准确的落实。从国家层面上看，香港要在维护国家主权、安全和发展利益方面坚定不移地站在国家的立场；而香港特别行政区自治范围内的事务则由港人来处理，体现"港人治港"、高度自治。

中央政府总是在香港最困难的时候站出来给予最大支持。董建华曾多次回顾 2003 年的"非典"疫情，那是他做行政长官最艰难的一段日子。他动情地说："在最最困难的时候，中央政府给我们极大的支持。当时，香港的防护服等医疗必需品都没有了。内地也很困难，但是，中央调给了我们大量的医疗物品。没有中央的支持，我们很难想象可以渡过难关。事情过后，香港经济面临巨大困难，中央政府又开放了'个人游'，对香港经济给予巨大支持。没有中央政府的力挺，我们也过不了难关。"

"老骥伏枥，志在千里"。2008 年和 2014 年，董建华先后牵头创办了中美交流基金会、团结香港基金，为推动中美交流与合作、团结香港社会奔走不息。至今，他几乎仍然每天到办公室工作，始终把关注点放在国家与香港发展上。展望未来，82 岁高龄的董建华仍壮心不已，"我是属牛的，牛的脾气就是这样，认准了目标就不放弃。今后一定与大家继续努力，还要比以前做得更好。"

# 勋章
## 共和国不会忘记

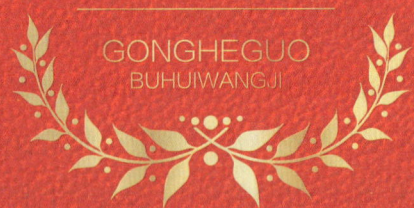

# 〔 外交工作杰出贡献者 〕

## 李道豫

　　李道豫，男，汉族，中共党员，1932年8月生，安徽合肥人，原中国驻美国大使，第九届全国人大常委会委员。他长期从事多边和双边外交领域工作，深度参与我国在多个重大外交问题上的决策和处理。任常驻联合国代表期间，稳妥处理第一次海湾战争爆发等重大复杂敏感问题，提升了我国国际话语权。任驻美国大使期间，积极宣传我国改革发展取得的辉煌成就，巧做工作，善于斗争，妥善处置中美关系，坚定捍卫国家利益。

# 李道豫：不忘初心，不辱使命

16岁加入地下党组织；20岁进入外交部；58岁出任中国常驻联合国代表，在国际舞台舌战群儒；61岁转任中国驻美大使，坚守原则、巧妙应对，见证了中美关系从低谷到改善的全过程……52年的外交生涯中，他始终秉持一颗炽热的初心，在波诡云谲的国际局势中向世界发出坚定的中国声音。

他就是资深外交官、"外交工作杰出贡献者"国家荣誉称号获得者——李道豫。

## 参加革命：坚信自己正在做的就是最壮丽的事业

祖籍安徽合肥的李道豫在上海出生、成长。1948年，正在上海南洋模范中学读高三的李道豫，在地下党组织的教育下，走上了革命道路，加入了党组织。1949年8月，李道豫被组织选派去沪江大学学习。起初进的是教育系，党支部发现英文系学生党员力量比较薄弱，建议英文成绩优秀的他转系。自此，李道豫开启了与外交事业大半辈子的不解之缘。

"当时的我们与现在的年轻人其实并没有多大差别，都朝气蓬勃、充满干劲。不同的是，我们生在特殊革命年代。大家深知，没有国家，就毫无个人可言。"忆及70多年前的青春岁月，李道豫说，"我们秉着一颗纯真、炽热的初心为党和国家无私工作，坚信自己正在做的就是最壮丽的事业，决心为此贡献自身一切，包括生命。"

1952年，亚洲及太平洋区域和平会议在北京召开，李道豫被抽调去参与会议筹备和翻译工作。会议结束后,时年 20 岁的他留在了外交部工作,成为国际司的一名科员。

刚入部,李道豫的主要工作是研究《日内瓦公约》,搜集尽可能翔实的法理依据,揭露抗美援朝战争中美军虐待中朝战俘的恶行,为中朝联合代表团与美面对面斗争提供参考。

"这看似细小的事,让我感觉很光荣,因为其中每一个细节都关乎中朝、中美关系大局。也正是由于这项工作的重要性和特殊性,让我时刻牢记国家利益至上。"李道豫在一次接受采访时说,这段经历让学外语出身的他得以进入国际政治和国际法领域,为日后长期从事多边外交工作打下基础。

### 履职联合国:每天都像走在"风口浪尖"

1990 年,年近花甲的李道豫赴纽约出任中国常驻联合国代表、特命全权大使。上任不久,就遇上了外交生涯的一次重大考验:第一次海湾战争爆发。

安理会半夜通知召开紧急会议,就在各国还在讨论的当口,伊拉克已经打进科威特首都,形势十分严峻。李道豫当即向国内电话请示,建议中方在发言中对伊拉克进入科威特表示遗憾,对谴责伊拉克入侵科威特的决议草案投赞成票。建议得到了国内批准。事实证明,这样的表态获得了国际上包括科威特方面的正面反应。

当时安理会围绕伊拉克问题通过了多项决议。有关决议草案提交安理会全体会议讨论前,一般由 5 个常任理事国先行磋商。"五常"磋商由每国大使带 1 名助手共 10 人参加。没有翻译,也没有成形的发言稿,有些问题需要当机立断,这就要求大使对形势走向有充分把握,有极强的独立思考、临场应变能力和较高的英语水平。

"在这时发言首先要快,否则随时会讲不上话或被别人打断;第二,要言之成理,一个论点提出来一定要站得稳,不会轻易被推倒;第三,身体要顶得住,因为很多时候开会都是通宵达旦连轴转,非常疲劳。"李道豫后来在接受采访时对那段日子记忆犹新,坦言是他任内遇到的最大挑战,每天都"像在风口浪尖上行走"。

李道豫在联合国担任大使的那几年恰逢世界大事不断,苏联解体、东欧剧变、南斯拉夫分裂、朝鲜韩国同时进入联合国等都在联合国经历了一轮轮的磋商。思路清晰、能言善辩的李道豫每次都能很好地表达中国的立场,稳妥处理复杂敏感问题,在国际舞台上提升了我国国际话语权。

### 出使美国:"疾风骤雨"中坚守原则、巧妙斗争

1993年,李道豫奉命由常驻联合国代表转任驻美大使。与驻联合国时的经历相似,李道豫驻美大使的5年任期也是在"疾风骤雨"中拉开序幕。

彼时,中美关系面临波折。美国时任总统克林顿上台不久就把给予中国贸易最惠国待遇同人权问题挂钩,如果中国不就范,就要在一年期限后取消最惠国待遇。李道豫赴任后,美方更是让他等了两个月才安排递交国书,对中方的施压可谓无所不用其极。

然而,随着"限期"不断临近,见中方毫无妥协迹象,美方多次通过私下沟通,试图说服中方重做打算。经过反复斗争,美方企图终未得逞。克林顿不得不承认:以经贸问题为抓手逼迫中国让步的武器效力已经用尽了。

"克林顿的这句话令我至今印象深刻,我认为今天的美国人应认真反思,汲取当时的教训。"李道豫2019年上半年在一次受访时说。

李道豫任内中美关系经历的最大冲击是1995年美方允许李登辉访美,两国关系骤降至谷底。李道豫与克林顿进行了激烈的交锋,申明中方立场。

此后他奉命回国述职以示抗议,直至美方承诺遵守一个中国原则后,他才返任。

在美期间,李道豫十分注重公共外交,积极与政界、企业界、学术界、媒体等打交道,为顺利开展工作打下良好基础。为了让更多的美国民众了解一个真实的中国,他跑遍了美国50个州,发表了200多场正式演说,并经常接受美国媒体采访。

5年中,李道豫亲历了在最惠国待遇、"银河号"事件、李登辉访美、人权、西藏等问题上与美国政府的严正交涉,也见证了中美关系的逐步恢复和改善。面对一件接一件的危机事件,他始终沉稳应对、巧妙斗争,有力捍卫了国家利益,促进了中美关系发展,也赢得了驻在国的尊重。1998年离任之时,120多名参众议员在美国国会曼斯菲尔德大厅为李道豫举行欢送招待会,这是极其罕见的规格。

2009年,李道豫在一次访谈中被网友问及如何概括外交工作的特点,他引用鲁迅的诗句作答:横眉冷对千夫指,俯首甘为孺子牛。这,正是他半个多世纪外交生涯的真实写照。

# 〔 文物保护杰出贡献者 〕

## 樊锦诗

樊锦诗，女，汉族，中共党员，1938年7月生，浙江杭州人，敦煌研究院名誉院长、研究馆员，第八、九、十、十一、十二届全国政协委员。她是我国文物有效保护的科学探索者和实践者，长期扎根大漠，潜心石窟考古研究，完成了敦煌莫高窟北朝、隋、唐代前期和中期洞窟的分期断代。在全国率先开展文物保护专项法规和保护规划建设，探索形成石窟科学保护的理论与方法，为世界文化遗产敦煌莫高窟永久保存与永续利用作出重大贡献。荣获"全国优秀共产党员""全国先进工作者""改革先锋"等称号。

# 樊锦诗:似水如沙久相伴

起初她被前辈称作"小樊",今天很多人亲切地叫她"老太太"。若以生命长度来丈量,樊锦诗与莫高窟相守的半个多世纪可谓漫长。可在樊锦诗心里,与这座千年石窟相处越久,越觉得它是非凡宝藏。她接住历史的接力棒,全心让莫高窟老去得慢点再慢点,保护得好些再好些。

2015年9月29日,樊锦诗在敦煌莫高窟。(新华社孙志军摄)

· 勋章 · 共和国不会忘记

### 一世黄沙缘

石窟里是沙子，鞋里是沙子，连头发里也钻满沙子。樊锦诗与莫高窟的缘分就从这粒粒黄沙开始。

她本是江南水乡的姑娘，祖籍杭州，上海长大，个头不高，人也瘦瘦小小。

她说她成长在新中国，有那个年代人的单纯果敢，坚信"国家的需要就是我的志向"。1963年从北京大学毕业后，她西去敦煌。

在敦煌研究院一处不显眼的地方，有座名为《青春》的雕塑。一个齐耳短发的女孩，背着书包，手拿草帽，意气风发地迈步向前。这正是以初到敦煌的樊锦诗为原型雕塑的。

2011年8月16日，樊锦诗在敦煌莫高窟。（新华社孙志军摄）

那时的她对敦煌还无深刻理解，只是被历经千年的色彩打动。"看一个窟就说好啊，再看一个还是好啊。说不出来到底有多大的价值，但就是震撼、激动。"

可要在大漠戈壁扎下根来,哪能仅靠一时心动。生活艰苦非常:喝咸水、点油灯、住土屋、睡土炕,如何洗澡是大家避而不谈的秘密。一卷起沙尘暴就更可怕,黑乎乎的风沙铺天盖地压过来。

但樊锦诗没走。"开始我也没想在敦煌待一辈子,可能是命中注定吧,时间越久,越觉得莫高窟了不起,是非凡的宝藏。"

## 涓滴归瀚海

始建于公元366年的莫高窟,位于河西走廊西端。从巍巍祁连山流淌下的雪水,哺育着狭长走廊中的绿洲。丝绸之路上的商旅使团在敦煌驻足,再出西域、入中原。

"莫高窟是古丝绸之路上多元文明交融互鉴的结晶。公元4世纪到14世纪,古人用智慧为我们留下了如此伟大的文化艺术宝库。"樊锦诗说。

1524年,明朝政府下令封闭嘉峪关。敦煌从此沉寂,莫高窟400多年无人看护,大量洞窟坍塌毁坏。藏经洞被发现后,数万卷文物又陆续流失到十余个国家。

"宝贵却又脆弱,是莫高窟令人迷恋又揪心之处。"樊锦诗说。

20世纪40年代,前辈筚路蓝缕的创业历程更感召着她。一批批艺术家、大学生放弃优渥生活,远赴迢迢敦煌,一去便是一生。

常书鸿、贺世哲、孙纪元、段文杰……80岁的樊锦诗一一找出前辈同仁的名字,又一一写在纸上。"苦都让老先生们吃了。他们中的绝大多数人都走了,我们不该忘记这些人。"

樊锦诗说,中华人民共和国成立后,党和国家高度重视敦煌莫高窟,1950年文化部将"国立敦煌艺术研究所"更名为"敦煌文物研究所",并针对莫高窟壁画和彩塑病害、崖体风化和坍塌、风沙侵蚀等严重威胁文物安全的问题,开始了初步抢救性保护。

改革开放后,莫高窟的面貌焕然一新:编制扩大、人才汇聚、条件改善。1987 年,莫高窟成为中国第一批进入世界文化遗产名录的遗产地。"改革开放带来开放的头脑和国际视野,我们开始大踏步向前走。"

### 似水如沙永流传

莫高窟 15 余公里外,有一个形似沙丘又如流水的土黄色流线型建筑。游客在这里用数字化手段了解莫高窟的前世今生,再去窟区领略历史的风姿。

这个充满想象力的工程,是樊锦诗 1998 年起担任敦煌研究院院长的 17 年间做成的一件大事。

"与 20 世纪初拍摄的照片相比,很多壁画已经损坏模糊了。再往下发展下去,全都消失了怎么办?" 1978 年起,这个问题就开始在樊锦诗的脑中盘旋。

尤其 2000 年以后,急速增长的游客让她忧心忡忡。"洞子看坏了绝对不行,不让游客看也不行。"

"保护、研究、弘扬是敦煌研究院的使命。旅游也必须是负责任的旅游。"樊锦诗与同仁们不断探索,尝试让莫高窟"延年益寿",甚至"容颜永驻"。

一方面是对文物本体及其赋存环境的科学保护。在与国内外机构的长期合作中,保护者研究清楚了病害机理,保护修复了大量彩塑壁画,形成了一整套科学保护规范。

"比如风沙治理,通过综合防治风沙体系,使莫高窟的风沙减少了 75% 左右,极大地减缓了对文物的磨蚀。"樊锦诗说。

另一方面,开拓性地建立数字档案,让莫高窟以数字化的方式"永生"。

经过近 20 年的努力,"数字敦煌资源库"免费向全球开放。

在 2014 年建成的莫高窟数字展示中心里,游客犹如置身飞船,观看球幕电影,感受着数字敦煌的神奇。游客也因此有序分流,有效降低对石窟的不利影响。

此外,樊锦诗还推动制定《甘肃敦煌莫高窟保护条例》,让莫高窟有了专项法规的"护身符";她继承前辈的"爱才如命",持续抓紧培养人才;她以广泛的国际合作引进了理念技术、培养了人才、开阔了视野……

"文物承载灿烂文明、传承历史文化、维系民族精神,是老祖宗留给我们的宝贵遗产。接力棒交到我们手上,我们就偷不得懒,不能让莫高窟有半点闪失。"她说。

50 余载敦煌生涯,让水乡女子樊锦诗有了西北人的爽利。她似水,相信水滴石穿。她更似沙,低调平凡,与莫高窟久久相伴。

# 编后记

2019年9月,在隆重庆祝新中国成立70周年之际,党中央决定,首次开展国家勋章和国家荣誉称号集中评选颁授,隆重表彰一批为新中国建设和发展作出杰出贡献的模范人物。以中华人民共和国的名义给予功勋模范人物国家最高荣誉,彰显其政治声誉和崇高地位,向全社会发出了关心英雄、珍爱英雄、尊重英雄的强烈信号。

本书收录了40位国家勋章和国家荣誉称号获得者投身国家建设的丰功伟绩和可歌可泣的人生故事,用生动的文字记录他们为党和人民作出的杰出贡献,推动在全社会形成学习典型、崇尚英雄的浓厚氛围,更好地激励全国各族人民不忘初心,牢记使命,开拓进取,砥砺前行。

本书以新华社公开播发的相关新闻稿件为基础,精心选配国家勋章和国家荣誉称号获得者的珍贵照片,图文并茂、细节生动。参与本书采写的记者有:董瑞丰、许雄、胡喆、贾启龙、黄浩铭、谭元斌、周勉、熊金超、冯国栋、侠克、徐金鹏、肖思思、王攀、徐弘毅、吴晶晶、陈芳、王丽、刘宏宇、齐健、荆淮侨、陈聪、李国利、吴振东、阳娜、马晓冬、魏梦佳、王思北、周玮、许晓青、邓瑞璇、刘兵、安阳、廖航、朱峰、王东明、梅常伟、王玉山、吴登峰、张建新、栗雅婷、张宇琪、宋瑞、侯文坤、王逸涛、庄颖娜、曲鸣明、韦骅、林德韧、白瑞雪、邹欣媛、闫睿、李灿、凌军辉、杨绍功、王子铭、阿依努尔、宿传义、何雨欣、吴书光、廖翊、王洪峰、王昆、向志强、勿日汗、周亮、王长山、崔清新、张晓华、王清颖、薛文献、王旭、陆敏、白洁、张玉洁。

为方便读者阅读,编辑对书稿进行了编辑整理并对部分文章的标题做了调整。因编者水平有限,一定存在不足之处,敬请读者批评指正。

编 者